三井 康壽

首都直下
　大地震から
会社をまもる

信山社

はしがき

　わが国は自然災害の多い国である。しかもなかでも地震多発地帯に位置するため、地震災害によって多くの人命が失われ、家屋が倒壊し、経済的被害を蒙っている。特に平成17年1月17日に発生した阪神・淡路大震災は、わが国に大きな衝撃を与えた。6,400人を超える死者、建物全半壊24万棟、避難所生活者最大23万人という被害は関東大震災以来のものであったからである。神戸に本社や工場を置く大きな企業もきわめて大きな被害を受け、事業を継続していくために多大の努力が払われた。中小企業ではケミカルシューズの会社などの多数の企業が廃業に追い込まれたのであった。

　この阪神・淡路大震災は地震防災対策の基本から見直される契機となった。大地震から我々の生活や経済活動を守らなければならないという意識がより強まってきたのである。

　阪神・淡路大震災の教訓をもとに震災後の都市の復興についての考え方をまとめ、そのための提案を含めて『大地震から都市をまもる』を上梓したのであるが、信山社からの強い薦めもあって今回『首都直下大地震から会社をまもる』という命題のもとに考えをまとめ、会社の事業の場である建物の耐震化、地震発生時に特に必要性を痛感させられるライフライン、通信、鉄道、道路等の交通、データベース等についてそれぞれの事業者に協力をいただいて説明を伺い、私なりに

まとめて企業の防災に役に立てればと思って試みたのである。

現在BCP（事業継続計画）はどの企業でも取り組んでいるが，BCPの狙いは広い意味での地震防災対策と基本的には一致していて，安否確認方法，災害発生時の指揮命令系統などをきちんと前もって決めておくことなどはまさに同じ考えによるものである。地震災害によるライフラインの使用不能，交通の不通などの復旧期間などについては与件としているのであるが，本書ではその点はかなり詳しくそれぞれの事業の仕組みや復旧方法などを明らかにしている。こうした社会インフラは会社の事業活動に不可欠であるが，それぞれの事業は高度な技術に支えられ専門の職員によってなされているので，一般の利用者はその仕組みや事業者の努力などを知らないまま利用している。しかし阪神・淡路大震災の時はこうした社会インフラも大きな被害を受けたのである。したがってこれら社会インフラの事業がどのように行われているか，阪神・淡路大震災の際はどのような被害を受け，復旧はどのようにして行われたか，そしてその後これを教訓としてどのような対策がとられてきているのかを知っておくことは，会社としての地震防災対策にとって大切なことであるし，BCPを作成するうえでも基本的に重要である。

地震防災についての話を研修会などでしていると，阪神・淡路大震災が起きた時にどういう揺れだったのか，その時はどう対処したのか，すべきだったのか，日常当たり前に利用していた社会インフラが利用できなくなった時，どう対処せざるを得なかったか，そのインフラの仕組みや復旧の状況等について具体的な話をすることにきわめて関心が深いことを実感させられる。特に本書では，この点についてかなり詳し

く記述している。専門的な説明であること，過去の事実であることもあって読まれる方は少々骨が折れるかもしれないが，こうしたことの知識を持っておくことが大切ではないかと思われるので，読んでいただきたいと思っている。さらに会社としては安否確認，取引先との関係維持，資金繰り等，実体験に基づいた話も同様であり，しかもその時得た教訓が何であったのかという話に関心が高いことを痛感させられた。

こうしたことから BCP の作成にあたって，実際に起こったことと，その時の体験をなるべく伝えておくことが必要と考え，そうした記述を多くすることに意を用いることとしている。

BCP には内閣府をはじめ各方面でも詳細なガイドラインが公表されているので，そこで記されていることには本書では詳しく触れてはいない。

2011年3月11日に起きた東北地方太平洋沖地震（東日本大震災）はマグニチュード9.0という地震と津波の大きいこと，きわめて被災地が広い地域にわたっていること，原発被災による放射性物質による汚染，さらに電力供給減によって阪神・淡路大震災の比ではない被害をもたらしている。特に今回の被害の拡大は大津波によるものが大きいと考えられ，それを含めて徹底した検証を進め，大津波を含めて大規模地震対策を作っていかなければならない。

首都直下地震では内閣府の被害予測で津波についていえば50cm という予測となっている。また東京都地域防災計画の風水害編では高潮対策として，5 m の堤防を都の東部の低地地帯に施していることもあって，津波対策として特段の対策が明示されてはいない。したがって本書においてもこれを踏

まえて述べるが，今回の東日本大震災を機に，特に沿岸部に関する津波対策が見直されると思われるので，今後見直し・加筆することとしている。また，東日本大震災では，原子力発電所が大きな被害を受けて電力供給を行えなくなったことに伴って，長期にわたって需要に見合う供給ができなくなり，計画停電や節電計画に追い込まれる事態となっている。電力設備の最も基幹である発電所のフェイルセーフがきかなかったことの反省はきちんとしなければいけないが，需要者としてはそうした事態を考えておかなければならないこと，また首都でも震度5を記録した地震だったため，電車が運転を停止し，安全点検のため長時間運休という事態が生じ，いわゆる帰宅困難問題が現実のものとなった。この2点については，取りあえず記述してあるが，この経験を教訓として生かすべき点は，今後引き続き検討し加筆していきたい。

　こうしたことを前提にして，大地震の際に会社として事業がきちんと継続していくために本書が少しでも役に立つのであれば幸甚である。

　　　2011年5月

　　　　　　　　　　　　　　　　　　　　三井　康壽

目　次

はしがき

第1章　地震国日本の宿命 —————————————— *1*

第2章　ライフライン ———————————————— *11*

1　電　力 ……………………………………………… *13*
（1）電力供給システム　*13*
（2）耐震設計基準　*16*
（3）阪神・淡路大震災の被災状況　*19*
（4）仮復旧　*23*
（5）教訓と見直し　*26*
（6）東京電力の場合　*27*
（7）応急復旧目標……6日間　*28*
（8）東日本大震災　*29*

2　ガ　ス ……………………………………………… *31*
（1）ガス供給システム　*31*
（2）耐震設計基準　*31*
（3）阪神・淡路大震災の被害状況　*33*
（4）供給監視体制（24時間体制）　*36*
（5）二次災害を防ぐ（供給停止）　*36*
（6）耐震基準の改正　*38*
（7）現在までの設備の改善状況　*39*
（8）復旧の迅速化　*40*
（9）東京ガスの場合　*40*

3　水　道 ……………………………………………… *43*

　　　　（1）　水道供給システム　*43*
　　　　（2）　耐震基準　*45*
　　　　（3）　阪神・淡路大震災の被害状況　*45*
　　　　（4）　復旧にあたっての課題　*46*
　　　　（5）　阪神・淡路大震災の教訓を踏まえた対策　*48*
　　　　（6）　東京の水道　*52*

　　4　下　水　道………………………………………………… *58*
　　　　（1）　下水処理システム　*58*
　　　　（2）　耐震基準　*61*
　　　　（3）　阪神・淡路大震災の被害状況　*61*
　　　　（4）　復旧にあたっての課題　*63*
　　　　（5）　阪神・淡路大震災の教訓とその後の対策　*65*
　　　　（6）　東京の下水道の場合　*69*

　　5　ま　と　め……………………………………………… *72*
　　　　（1）　電　力　*74*
　　　　（2）　ガ　ス　*75*
　　　　（3）　水　道　*76*
　　　　（4）　下水道　*78*

第3章　通信事業───────────────── *79*

　　　　（1）　通信事業　*79*
　　　　（2）　耐震基準　*80*
　　　　（3）　阪神・淡路大震災における被災状況　*80*
　　　　（4）　復旧活動　*81*
　　　　（5）　現在のNTTグループの災害対策　*83*
　　　　（6）　OA機器の保全　*89*
　　　　（7）　ま　と　め　*93*

目　次

第4章　交　通 — 97

1　鉄　道 — 99
（1）鉄道事業　*99*
（2）阪神・淡路大震災前の鉄道の耐震設計　*99*
（3）阪神・淡路大震災の被害状況　*100*
（4）耐震基準の見直し——耐震強化からシステム防災へ　*103*
（5）東京圏を中心とする鉄道の地震対策　*107*

2　道　路 — 120
（1）阪神・淡路大震災前の道路の耐震設計　*120*
（2）阪神・淡路大震災の被害状況　*120*
（3）耐震基準の見直し　*122*
（4）首都直下型の場合　*123*
（5）首都高速道路　*124*
（6）直轄国道　*130*

3　交通規制 — *137*
（1）阪神・淡路大震災　*137*
（2）首都直下型に備える　*145*

4　帰宅困難者対策 — *149*

第5章　耐震建築（非住宅） — 157

第6章　会社としての備え — 165

1　実例から学ぼう — *165*

（1）　大企業の被災例──神戸製鋼の場合　*166*
　　　（2）　中小企業の被災例──あるケミカルシューズ
　　　　　　会社の場合　*170*

　2　大震災に備えて………………………………………*174*
　　　（1）　備えあれば憂いなし　*174*
　　　（2）　耐震重視　*174*
　　　（3）　地震保険　*176*
　　　（4）　会社と個人　*178*
　　　（5）　バックアップ体制　*183*
　　　（6）　トップの即断即決　*185*

　3　ライフライン………………………………………*189*
　　　（1）　電　力　*189*
　　　（2）　ガ　ス　*190*
　　　（3）　水道・下水道　*191*

　4　交　　通………………………………………………*193*

　5　ドキュメントとバックアップ，資金の支払い………*196*

　6　商店街の被災の場合…………………………………*198*

　7　オフィスの防災用品…………………………………*200*

　8　地震保険………………………………………………*201*

あとがき　*203*

参考文献　*206*

索　　引　*211*

首都直下大地震から会社をまもる

第1章　地震国日本の宿命

動くプレート　テレビをつけていて地震が起こると直ちに"地震速報"のテロップが画面に表示される。わが国では実に頻繁に地震が起きているといって過言ではない。特に東北地方太平洋沖地震（東日本大震災）のあと，ほぼ毎日のように地震が発生しており，地震速報が出されていて，世界でこんなに地震速報がテレビで直ちに報じられる国は少ないといっていいほど地震が多い国である。

　これはプレートテクトニクスの理論によって分かりやすく説明されている。すなわちユーラシア大陸から太平洋へ少し離れたところに位置する日本列島は，太平洋にある太平洋プレートとフィリピン海プレートが，ユーラシア大陸プレートと北アメリカプレートの境界に位置しているため，巨大な地殻であるプレート全体が移動し，具体的には，太平洋プレートが大陸のプレートの方へ沈み込むことによって地殻がはね上がり，地震を起こすと説明されている。こうしたプレート境界型の地震のほかに，プレート内での破壊によるいわゆる直下型の地震もあり，わが国での地震は頻繁に起こるのである。

大地震はどこでも起きる　関東大震災以降のわが国のマグニチュード6以上の地震を，表1-1に示す。これで見ると，全国どこでも起こるものと考えなければならない。阪神・淡路大震災が起こるまで関西では地震がないと思っていた人々がほとんどだと言われていたが，この表で分かるように，北但馬地震，北丹後地震，吉野地震，紀伊半島南東沖地震が起こっているのである。幸い人口

1

表1-1 日本全国で起こる地震

地域	地震名	発生年月日	マグニチュード	死者・行方不明	被害状況(全壊・焼失・流出家屋)
北海道	十勝沖地震	1952.3.4	8.2	33	921
	十勝沖地震	1968.5.16	7.9	52	691
	釧路沖地震	1993.1.15	7.8	2	53
	北海道南西沖地震(北海道,青森県)	1993.7.12	7.8	230	601
	北海道東方沖地震	1994.10.4	8.1	—	39
	十勝沖地震	2003.9.26	8.0	2	116
東北	三陸地震津波	1933.3.3	8.1	3,064	6,067
	男鹿地震	1939.5.1	6.8	27	479
	宮城県北部地震	1962.4.30	6.5	3	340
	宮城県沖地震	1978.6.12	7.4	28	1,183
	日本海中部地震(秋田県)	1983.5.26	7.7	104	987
	三陸はるか沖地震(青森県)	1994.12.28	7.5	3	72
	岩手・宮城内陸地震	2008.6.14	7.2	23	30
	岩手県沿岸北部	2008.7.24	6.8	1	1
関東	関東大地震	1923.9.1	7.9	約105,000	576,262
	西埼玉地震	1931.9.21	6.9	16	76
	今市地震	1949.12.26	6.4	10	290
	房総沖地震	1953.11.26	7.4	—	—
	千葉県東方沖地震	1987.12.17	6.7	2	16
	茨城県沖	2008.5.8	7.0		
中部	東南海地震(三重県沖)	1944.12.7	7.9	1,251	19,367
	三河地震(愛知県,三重県)	1945.1.13	6.8	2,306	5,539
	伊豆半島沖地震	1974.5.9	6.9	30	139
	伊豆大島近海地震	1978.1.14	7.0	25	96
	長野県西部地震	1984.9.14	6.8	29	24
	駿河湾	2009.8.11	6.5	1	
北陸	福井地震	1948.6.28	7.1	3,769	40,035
	大聖寺沖地震(石川県)	1952.3.7	6.5	7	9
	北美濃地震	1961.8.19	7.0	8	12
	新潟地震	1964.6.16	7.5	26	2,250
	新潟県中越地震	2004.10.23	6.8	68	3,175
	能登半島地震	2007.3.25	6.9	1	684
	新潟県中越沖地震	2007.7.16	6.8	15	1,319
近畿	北但馬地震(兵庫県)	1925.5.23	6.8	428	3,475
	北丹後地震(京都府)	1927.3.7	7.3	2,925	12,629
	東南海地震(三重県沖)	1944.12.7	7.9	1,251	19,367
	吉野地震(奈良県)	1952.7.18	6.8	9	20
	兵庫県南部地震(阪神・淡路大震災)	1995.1.17	7.3	6,437	111,054
	紀伊半島南東沖地震(奈良県,和歌山県,三重県)	2004.9.5	7.4	—	—
中国・四国	鳥取地震	1943.9.10	7.2	1,083	7,736
	南海地震(和歌山県沖～四国沖)	1946.12.21	8.0	1,443	13,119
	山口県北部	1997.6.25	6.6	—	—
	鳥取県西部	2000.10.6	7.3	—	435
	芸予地震(広島県)	2001.3.24	6.7	2	70
九州	日向灘	1961.2.27	7.0	2	3
	えびの地震(宮城県,鹿児島県)	1968.2.21	6.1	3	368
	日向灘地震	1968.4.1	7.5		1
	日向灘	1987.3.18	6.6	1	
	鹿児島県薩摩地方	1997.3.26	6.6	—	4
	福岡県西方沖地震(福岡県,佐賀県)	2005.3.20	7.0	1	144
	大分県西部	2006.6.12	6.2		

＊参考資料；気象庁「被害地震資料」,内閣府「防災白書」,内閣府防災情報「我が国の地震対策の概要」,消防庁「災害情報」,宇佐美龍夫「日本被害地震総覧」より作成
＊2011.3.11東北地方太平洋沖地震はマグニチュード9.0,死者・行方不明,被害状況は現段階では確定していない

の多い大阪，神戸，京都などの都市部ではなく，人口の少ない地域で起きていたため，一般論として関西では地震が少ないといった考えが信じられていたに過ぎなかったのである。したがって地震に対する備えが充分ではなかったといっても過言ではない。

危機管理対策　阪神・淡路大震災が起きてから，地震災害を中心にして，それを含めた危機管理に対する意識が高まり，政府はもとより地方公共団体，民間企業においても，危機管理対策をより重要視するようになってきた。危機管理は地震や台風などの自然災害のほかに，火災や原子力災害といった人為的な災害から，新型インフルエンザや口蹄疫等広範囲にわたるようになってきている。

特に，こうした危機に直面するのが地域住民であることから，地方公共団体においても，熱心にこの問題に取り組むようになってきている。その顕著なあらわれとして，都道府県の危機管理に対する組織を挙げておこう。阪神・淡路大震災当時地震対策を行っているのは，ほとんどの県が防災消防課というセクションが担当していたのであるが，現在では専任の部長やそれ以上のクラスをトップとして，危機管理に対処する体制になってきている。表1-2は，現在の**都道府県の危機管理の組織の一覧**である。これらの組織では，各種の危機管理を所掌しているのであるが，地震対策が主要なものとされている。

なかんずく首都直下地震，東海地震，東南海地震，南海地震が予想されている地域の都道府県では，これらへの備えのため，組織の拡充強化の傾向が見てとれるのである。

被害想定　日本の国土は38万km²で世界の国々の国土の僅か0.2％である。しかもわが国の可住地面積は12万km²と全国の32％に過ぎない。そこに1億3千万人が住み，そのうちの3分の2の8,400万人が都市人口(注1)である。

さらに世界第2の経済大国となって，経済的蓄積はこうした都市

表1-2 都道府県の防災組織表

都道府県名		担　当　部　局
北海道	総務部	危機対策局
青　森	総務部	防災消防課
岩　手	総務部	総合防災室
宮　城	総務部	危機管理課
秋　田	総務部	総合防災課
山　形	生活環境部	危機管理課
福　島	知事直轄	総合安全管理課
茨　城	生活環境部	危機管理室
栃　木	県民生活部	消防防災課
群　馬	総務部	危機管理室
埼　玉	危機管理防災部	危機管理課，消防防災課，化学保安課
千　葉	総務部	消防地震防災課
東　京	総務局　総合防災部	防災管理課，防止対策課，防災通信課
神奈川	安全防災局　危機管理部	企画調整課，危機管理対策課，災害対策課，消防課，工業保安課
新　潟	危機管理監　防災局	防災企画課，危機対策課，消防課，原子力安全対策課
山　梨	総務部	防災消防課
長　野	危機管理部	危機管理防災課
富　山	知事政策局	防災・危機管理課
石　川	危機管理室	危機対策課，原子力安全対策室，消防保安課
岐　阜	知事直轄	危機管理課，防災課，消防課
静　岡	危機管理部	危機政策課，危機情報課，危機対策課，消防保安課，原子力安全対策課，防災通信課
愛　知	防災局	防災危機管理課，災害対策課，消防保安課，産業保安室
三　重	防災危機管理部	危機管理総室，消防・保安室，防災対策室，地震対策室
福　井	安全環境部	危機対策・防災課
滋　賀	知事直轄組織　防災危機管理局	管理・情報チーム，地震防災チーム，消防保安チーム，防災航空チーム，危機管理・国民保護チーム
京　都	府民生活部	危機管理・防災課，消防安全課
大　阪	危機管理監	危機管理室(危機管理課，消防防災課，保安対策課)
兵　庫	企画県民部　防災企画局　災害対策局	防災企画課，防災計画室，復興支援課，災害対策課，防災情報室，消防課
奈　良	知事公室	防災統括室，消防救急課
和歌山	総務部　危機管理局	危機管理課，総合防災課，消防保安課
鳥　取	防災局	防災チーム，危機管理チーム，消防チーム
島　根	総務部	消防防災課
岡　山	危機管理監	危機管理課，消防保安課
広　島	危機管理監	危機管理課，消防保安課
山　口	総務部	防災危機管理課
徳　島	危機管理部(筆頭部)	危機管理政策課，南海地震防災課，消防保安課，県民くらし安全局県民くらし安全課
香　川	総務部　防災局	危機管理課
愛　媛	県民環境部　防災局	消防防災安全課，危機管理課
高　知	危機管理部	危機管理課，地震・防災課，消防政策課
福　岡	総務部	防災消防課
佐　賀	総括本部	危機管理・広報課，消防防災課
長　崎	防災危機管理監	危機管理防災課，消防保安室
熊　本	総務部	危機管理・防災消防総室
大　分	生活環境部	防災危機管理課
宮　崎	総務部　危機管理局	危機管理防災課，消防保安課
鹿児島	危機管理局	危機管理防災課，消防保安課
沖　縄	知事公室	防災危機管理課

部に集中しているわけであるから，大地震がわが国を襲った場合の被害は，人的被害および物的，経済的被害を合わせると，諸外国との比較にならないほどの被害を蒙ることとなる。これが地震国家日本の宿命となっているのである。

例えば，2004年12月に発生したスマトラ沖地震では，大津波を伴ったこともあり，14万人の死者を出す大災害であったが，経済的被害は阪神・淡路大震災の1割以上程度と言われているのである。

首都直下地震を例にとって述べてみよう。

政府は近い将来起こるとされている首都直下地震について，2004年12月に被害想定を発表した。この被害想定は震源と発生する時刻などの条件で18のケースを発表している。このなかでも，東京湾北部で夕方18時にマグニチュード7.3の地震が発生し，風速が毎秒15m吹いている場合，**死者が1万1,000人，建物の崩壊23万棟，経済的被害110兆円**というのである。被害予想は現実に起こってみないと結果がどうなるかは不分明なところは当然あるのだが，もしこうした被害が現実化したとすると，まさに日本の経済や社会は未曾有の混乱を生ずることになる。

メガシティのリスク

世界最大の再保険会社であるミュンヘン再保険会社が，2006年にメガシティの有する自然災害，危険物爆発，テロ，伝染病等のリスクを指標化して公表した。メガシティは年々世界で増加傾向にあり，1950年にはニューヨーク，ロンドン，東京など8都市だったのが，2015年には42都市に増加すると予想している。こうしたメガシティは人口，経済的価値，インフラが集中しているほか，国内の地域ばかりでなく世界の地域と密接に関係しているため，こうしたメガシティのリスクを評価する必要があると判断して公表していると思われる。

(注1) 都市人口は，国勢調査による人口集中地区人口で，平成17年の調査による数字である。人口集中地とは簡単にいうと人口密度4,000人が連坦している地域のことである。

それによると,何と東京は飛び抜けてリスク度が高いのである。

表1-3　都市のリスク指数

都　　市	リスク指数
東京	710
サンフランシスコ	167
ロサンゼルス	100
大阪	92
マイアミ	45
ニューヨーク	42
香港	41
マニラ	31
ロンドン	30
パリ	25

＊ミュンヘン再保険会社資料より作成

　東京,サンフランシスコ,ロサンゼルス,大阪の指数が高いのは,自然災害の指数が大きいからである。このように**東京は保険リスクの点からもきわめてリスク度の高い都市**に挙げられていることに注目しなければならないといえる。

|「日本沈没」は防げるか|　日本のGDP約500兆円の2割が失われ,首都東京での経済活動がマヒするとすれば,世界経済の中で占めてきた東京の地位,ひいては日本の地位は著しく損なわれ,世界での信用を失うことになる。「日本沈没」といった事態を招くことになるおそれがあるのである。戦後鋭々と築いてきた豊かな社会となったわが国が,引き続きこれを享受していくためにも,大地震に対する備えを官民あげて取り組んでいかなければならない。特に現在,わが国では東京一極集中が進んでいて,諸外国に比べて首都への集中度がきわめて高いのであるから,首都を大地震からまもることは最も大事なことの一つと認識しておかなければならない。

計画的な防災のすすめ

阪神・淡路大震災以後、大地震への備えの関心は高まってきているが、大地震はしょっちゅう起こるものではなく、起こる確立は小さいため、日常発生してくる事情や需要の方に気を取られることが多いと地震対策への取り組みが薄れてしまうおそれも出てくる。地震防災対策には当然予算を伴うことが多いため、公的機関では厳しい財政事情で予算捻出に苦労を要し、会社でいえば利益のために経費節減を余儀なくされるなどの制約を受けているのである。こうした状況下においても、計画的な地震防災を進めていくことに資することが本書の目的である。

BCP 事業継続計画

最近は、BCP（Business Continuity Plan 事業継続計画）が企業において盛んに取り入れられている。これは地震に限らず、台風などの自然災害や新型インフルエンザなど、さまざまな災害など、会社のかかえるリスクが発生した時に備えて、企業が生き残って事業を継続していくことを目的として取り入れられており、地震についてのBCPが多く作られている現状にある。

BCPは地震などのリスクが発生した時、会社がどう対処して事業を継続していくかが主題となっていて、それ自体も会社の地震防災対策であるが、地震が起きた時の被害、例えば電気、ガス、水道、下水道などのライフライン、鉄道、道路、通信の被害状況などは与件として設定されている。例えば、首都直下地震の場合でいうと、これらの施設の復旧期間が公にされているので、それを物差しに使うこととなるのである。

「都政のBCP（地震編）」において、東京湾北部でマグニチュード7.3の地震が起きた際の**ライフラインの被害率と復旧日数**は、表1-4のように想定されている。

ここにいう復旧とは応急復旧という意味と考えてよいが、阪神・淡路大震災の時の**神戸市でのライフラインの復旧状況**は表1-5の

表1-4　ライフラインの被害率と復旧日数

上段：被害率　下段：（　）内は復旧率

	被害率	1日後	4日後	1週間後	1カ月後	復旧日数
電力 (停電率)	16.9%	13.2% (21.9%)	5.3% (68.6%)	0.0% (100%)	—	6日
通信 (不通率)	10.1%	10.1% (0%)	2.8% (72.3%)	2.1% (79.2%)	0.0% (100%)	14日
ガス (停止率)	17.9%	15.9% (11.2%)	14.8% (17.3%)	13.7% (23.5%)	8.0% (55.3%)	53日
上水道 (断水率)	34.8%	34.8% (0%)	7.0% (79.9%)	5.7% (83.6%)	0.0% (100%)	30日
下水道 (管きょ被害率)	22.3%	2.8% (87.4%)	2.4% (89.2%)	1.9% (91.5%)	0.0% (100%)	30日

出典：「都政のBCP（東京都事業継続計画）〈地震編〉」平成20年11月　東京都

表1-5　阪神・淡路大震災のライフライン復旧状況（神戸市）

	応急復旧終了	震災後の日数
電　気	1月23日	6日
電　話	1月31日	14日
ガ　ス	4月11日	84日
水　道	4月17日	90日
下水道	4月20日	93日

＊「阪神・淡路大震災の復旧・復興状況について」兵庫県（平成22年12月）より作成

とおりであり，ライフラインによって復旧日数に差が見受けられる。

災害に備える

現代社会はきわめて高度に専門化され技術化された社会となっていて，これらの施設・設備については利用者はその仕組みなどについての情報を持つ機会も少なく，これらの事業者におまかせとなっている。こうした事業のもつ特性

や地震災害が起きた際の対処の仕方（これはとりもなおさずそれらの事業者のBCPの命題なのであるが）の知識をでき得る限り知っておくことは，BCPを作成するに際して必要なことだと考えている。

　すなわち，一つにはこうした事業者は，通常の事業者の事業活動を支えている度合が強い事業者であるから，地震災害に強くあることが社会から要請されていて，そのための努力を常に払っているからである。しかし，**地震災害についても過去にあった災害に備えていても，それで万全とは言い切れない面があり，それを超えた地震が襲ってくることもあり得る**のである。したがってそうしたリスクも考慮しておかなければならない。

　二つにはこうした事業者の事業の仕組みや過去の経験から地震に対してどういう備えをし，また地震が起きた時の対処の仕方を知っておき，必要に応じて事業者からの情報を得るということも必要となってくるからである。

　以下に，主に首都直下大地震に備えて会社をまもるという観点から，特に重要と考えられる点を述べていくこととする。

第2章 ライフライン

阪神淡路大震災　1995年に起きた阪神・淡路大震災の時を思い起こしてみよう。

1月17日朝5時46分，淡路島を震源とするマグニチュード7.3の大地震は，神戸を中心とした地域に大きな被害をもたらし，市民生活や経済活動に大きな被害をもたらした。特に，電気，ガス，水道，下水道といった生活をしていくうえで欠かすことのできないライフラインが被害を受けると生活がマヒすることとなる。

阪神・淡路大震災で被害のもっともひどかった神戸市を例にとると，被害を受けたライフラインの応急復旧までの期間は前掲表1－5のとおりであった。これらライフラインの復旧は，復旧工事の終わった箇所から順次供給や処理が可能となっていったのであるから，この日数は最も復旧処理が遅かった箇所での日数であるが，大震災が起きた時の復旧の期間に示唆を与えてくれている。もっとも大震災が大都市地域で起きるか，地方都市あるいは山間部で起きるかで差が出ると思われるが，少なくとも大都市地域で起きた場合の一つの目安と考えてもよいだろう。

教訓を生かす　首都直下型地震が想定されている地域では，**阪神・淡路大震災での経験と教訓を生かす努力**がなされている。後述するが，実際にライフライン事業者は阪神・淡路大震災での復旧日数を目標として対策が練られている。企業のBCPを作成するにあたって，どのような備えを，どれくらいの期間すべきかについて一つの目安が示されていると考えて，プランを作ることをお勧めしたい。応急復旧に長期間かかるか否かは，ライ

フライン復旧の手順とスケジュールによってくるが，これらもある程度の想定をしながら対処しなければならない。いずれにしても大地震によって**各ライフラインの施設のどの部分が被災する可能性が高く，その復旧はどういう手順で進められていくかをきちんと把握**しておくことは実践的BCPを作成していくうえで大変重要である。阪神・淡路大震災はその実例を教えているのであるから，このことを検証することはきわめて意義深いと言わざるを得ない。

1 電　力

現代生活に絶対不可欠の電力　日常の企業活動において電力は必要不可欠のライフラインの一つである。

　電力は現代においてはライフラインで最も重要なものといってよい。現代生活は電力によって支えられていると言っても過言ではない。昼夜間を問わず電気を使用して室内で明かりをとり，ビルのエレベーター，冷暖房，空調をはじめ，水の使用も電力を使って上の階へ汲み上げ各階に供給され，調理室，洗面所，トイレなどへ送られている。外へ出れば，交差点の信号，鉄道，広告のネオンなど，すべて電力で賄われている。

　停電が起きると，冷蔵庫が止まって中に入れた生鮮品は腐り，パソコン，電話・通信などに依存する企業活動や家庭生活は極端にマヒすることとなる。特に夜間に電気がこないことは，活動ができなくなるばかりか，闇に対する心理的恐怖感も襲ってくるのである。

　阪神・淡路大震災では，全国の電力会社からかけつけた電力マンの助けも借りて，病院や避難所に発電機車で応急送電をしたが，暗闇で生活していた避難所の人が「電気がついた時，皆ものすごく喜んだ。ありがたいと思う。」と語っていたのは，まさに当時の人々の実感そのものであろう。そうした意味で電気がどういうシステムで供給されているか，そして地震などによって停電した時，電力会社はどういう復旧をするのかを知っておくことは重要である。

（1）　電力供給システム　●　●　●

全国津々浦々までカバー　電力事業は，電気事業法に基づいて経済産業省の許可を受けて電力を供給する事業である。電力事業とガス事業はエネルギーを消費者に供給する点では共通している

が，大きく異なっている点がある。電気は現代の社会にとって絶対不可欠のものであるから，電力事業は全国津々浦々に供給するということとされている。すなわち電力事業の供給区域は，全国ほぼ全ての地域をカバーしているのである。

したがってこのことから，

① 全国の供給区域を表2-1のように10のブロックに分けて，10の電力会社が電力を供給することとされている。

② 各電力会社は供給区域の全ての区域について，電力需要を求める者に対して，正当な理由がない限り電気の供給をしなければならない義務を負っている。どんな山奥でも人家や事業所があり，電気の供給を求められれば供給を拒めないのである。富士山頂にある観測所にも電気が供給されている（五合目から上

表2-1　電力供給ブロック

電力会社	供　給　地　域
北海道電力	北海道
東北電力	青森，岩手，秋田，宮城，山形，福島，新潟
東京電力	栃木，群馬，茨城，埼玉，千葉，東京，静岡（富士川以東）
中部電力	愛知，長野，静岡（富士川以西），岐阜（一部除く），三重（一部除く）
北陸電力	富山，石川，福井（敦賀市以東），岐阜（神通川上流の一部など）
関西電力	大阪，京都，奈良，滋賀，和歌山，兵庫（赤穂市の一部を除く），三重（熊野市及びその周辺），岐阜（関ヶ原町），福井（小浜市とその周辺）
中国電力	鳥取，島根，岡山，広島，山口，香川（小豆島など），愛媛（大三島，伯方島，大島など）
四国電力	徳島，高知，香川（一部を除く），愛媛（一部を除く）
九州電力	福岡，佐賀，長崎，大分，熊本，宮崎，鹿児島
沖縄電力	沖縄

は利用者負担とされている)。

安定的な供給　電力事業は電気の供給を安定的に供給し,料金も適正なものとなるよう国によって監督を受けている。したがって設備や工事についても細かい基準の下に実施されている。

電気は,発電所で発電され,架空送電線から需要地に近い変電所に送られ,そこで電圧を下げて地中管路や送電線によって工場,ビル,住宅等へ供給される。

発電所は昔は水力発電所が主流だったが,経済の発展などによって電力需要の増加に対応して,火力発電所,原子力発電所などによって電力が供給されるようになった。発電所の立地は水力発電所は河川の上流部でダムサイト適地に,火力発電所は燃料の輸入原料である石油や石炭などの荷揚げ効率の良い港湾部や海岸部に,原子力発電所は特に地盤が強固などの条件が整った所など立地が限定される施設である。

発電所では発電設備は大規模な機械設備であるから,ある一定期間運転した後は必ず定期点検をして一定期間は休ませる必要があることから,発電所自体はある程度の余裕を持って建設されていなければ電力の安定供給の責任は果たせない。

架空送電線は特別高圧で電気を送るために高い鉄塔を建てる必要がある。そのため台風の多いわが国では,強い風に耐えられるように設計されている。

こうして都市部などの需要地に送られた高電圧の電力は変電所で低電圧に降圧され,需要者へ届けられるのである。これを模式的に示すと図2-1のようになる。

図2-1　電力供給の流れ

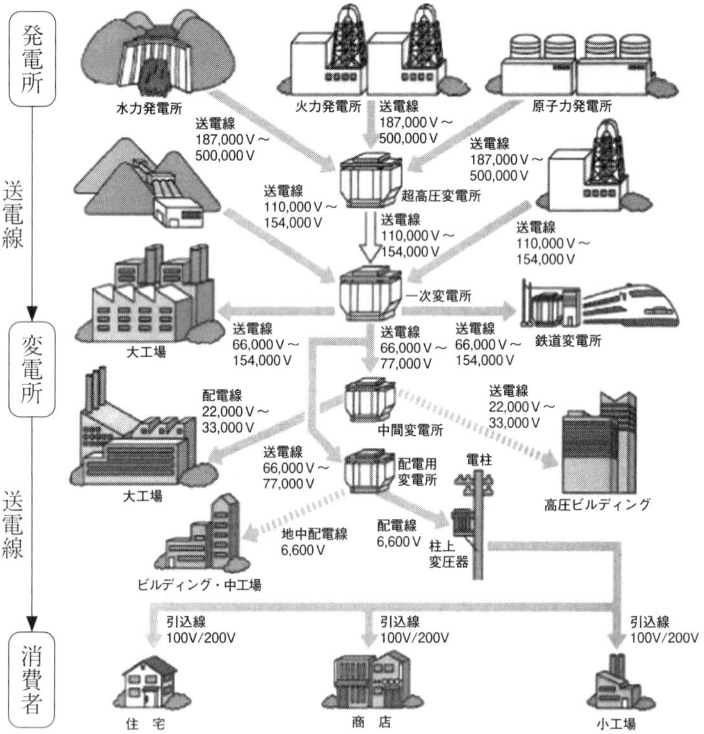

出典:「関西電力の防災体制」平成22年4月13日関西電力㈱

（2）耐震設計基準

電力が消費者に届けられるまで　電力が消費者に届けられるまでには発電所のような大規模な施設から家庭に送られる小規模な電柱のような施設に至るまで，多種類の設備や機械器具類を経ている。例えば身近な家庭への電柱一つをとってみても，電柱，電線，小さな変圧器，がいし等があり，変電所になると変圧器，遮断器，

碍子（がいし），避雷器などの設備，機械器具類によって構成されている。

阪神・淡路大震災当時の基準は，

① **発電所**
　イ．原子力発電所　原子力安全委員会による審査指針
　ロ．火力発電所　火力発電所の耐震設計規程
　　　　ボイラー　　　　　　　　　　0.2G（注2）
　　　　　タービン基礎　　　　　　　0.2G
　　　　消防法に基づく危険物規制に関する技術基準
　　　　　燃料タンク　　　　　　　　0.15G
　　　　電気事業法，発電用火力設備の技術基準省令
　　　　　地上式ＬＮＧタンク　　　　0.15G
　ハ．水力発電所　電気事業法，水力設備に関する技術基準
　　　　ダム　　　　　　　　　　　　0.10～0.24G
② **変電所**　変電所等における耐震対策指針　0.3G
③ **架空送電線**

　　10分間平均風速毎秒40mに耐えられることを設計指針としている。

④ **地中送電線**

　　耐震設計基準なし

　　ただし単独送電線の洞道及び共同溝は，日本道路協会及び土木学会指針に準拠。また，専用橋・橋梁添架管路は，日本道路協会の指針に準拠。

⑤ **配電線**

　　架空送電線と同じく風圧荷重（平均風速40m／sの連続風圧）を設計荷重としている。

（注2）　ここでいう0.2Gは震度に直すと概ね5に相当

図2－2　設備の位置と営業所所管区域

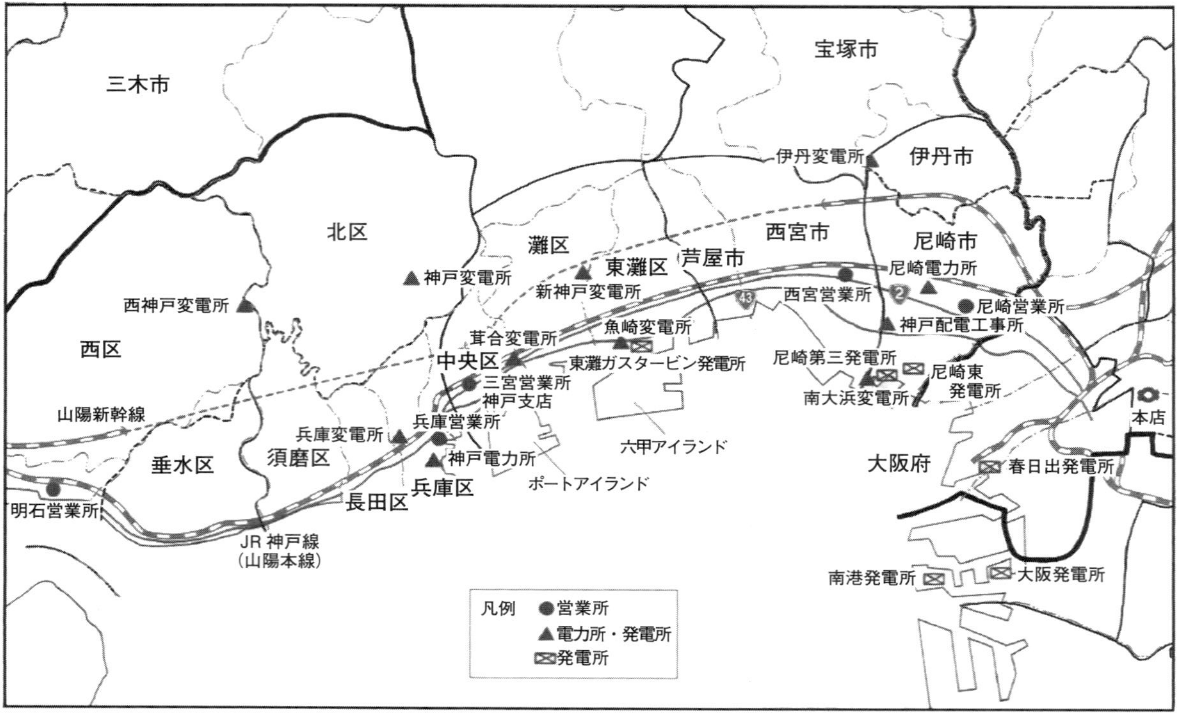

出典：「阪神・淡路大震災復旧記録」平成7年6月関西電力㈱

（3） 阪神・淡路大震災の被災状況 ● ● ●

関西電力の阪神地域の発電所，変電所，営業所の地図は図2-2のとおりであり，同社の施設で観測された地震力（地表面加速度）を示したのが図2-3のとおりである。

阪神・淡路大震災によって電力設備も大きな被害を受けた。被害は，火力発電所，変電所，送電線，配電設備，通信設備，給電所，

図2-3　施設で観測された地表面加速度

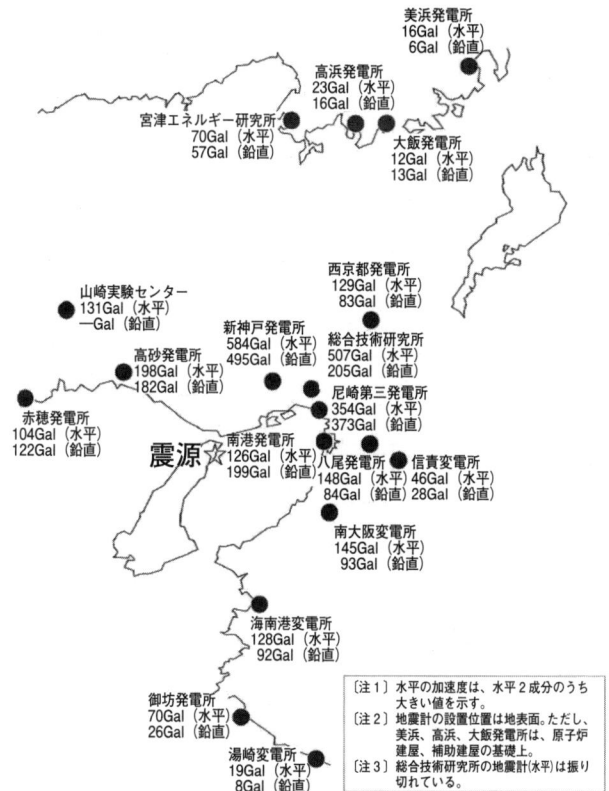

［注1］水平の加速度は，水平2成分のうち大きい値を示す。
［注2］地震計の設置位置は地表面。ただし，美浜，高浜，大飯発電所は，原子炉建屋，補助建屋の基礎上。
［注3］総合技術研究所の地震計（水平）は振り切れている。

出典：「阪神・淡路大震災復旧記録」平成7年6月関西電力㈱

表2-2　設備被害状況総括表（主要なもの）

設備			単位	被害数	主要電気工作物の被害	総数
発電設備	発電所		箇所	10	5	21
	内訳	ボイラー（ガスタービン）	ユニット	20	8	
変電設備	変電所		箇所	50	17	861
	内訳	変圧器	台	52	23	
		しゃ断器	台	10	9	
		断路器	台	4	1	
		避雷器	台	1	5	
		母線	箇所	7		
		建物	箇所	15		
送電設備	架空	線路	線路	23	11	1,065
		内訳 電線	径間	3	3	
		支持物	基	20	11	
		碍子（がいし）	基	39	3	
	地中	線路	線路	102	3	1,217
		内訳 ケーブル	条	405	20	
		管路	径間	212		
		入孔	箇所	268		
		専用橋・橋梁添架	箇所	14		
配電設備	線路		回線	(11)649	(11)649	12,109
	内訳	架空 電線	径間	(1)7,760	(1)7,760	
		支持物	基	11,289	11,289	
		がいし	基	(1)	(1)	
		変圧器	台	5,346		
		地中 ケーブル	条	(11)2,098	(11)185	
		管路	径間	(9)437		
		入孔	箇所	294		
通信設備	保安用電話回線		回線	76		4,048

※配電設備の（　）は，特別高圧配電線路分別掲
※総数は，阪神淡路大震災当時の数
出典：「阪神・淡路大震災復旧記録」平成7年6月（関西電力㈱）より作成

営業所にまで及んだのである。被害状況の総括表を表2-2に示す。
　表2-2で明らかなように電力設備では多種多様な施設・機械器具に被害が及んでいることが分かる。詳細な説明には専門的，技術

的なことにわたってしまうので，分かり易く重点を説明することとする。電力設備は，地震被害を受けやすい各種の機械類をも組み合わせて作られているが，重要な設備は耐震性が強く，こうした機械類は被害は受けても復旧は早いという，一見アイロニックな面をあわせ持っているといえよう。

① 発電所

阪神・淡路大震災では，原子力発電所と水力発電所には被害がなかったが，火力発電所は10カ所が被害を受けた。電力設備の被害状況を説明するのは結構難しいが，発電所はタービンをまわして電気を作るところが最も重要であり，このタービンは高速で羽根を回転させるため軸がしっかり固定していないといけない。したがって，地震などの震動が軸に伝わると自動的にタービンを停止させる装置がついている。阪神・淡路大震災でも軸の震動があるレベルに達したため，自動的にタービンが止まるなどして，7発電所12ユニット（発電機のこと）の発電が止まるという（発電支障という）結果をもたらした。しかし地震がおさまり，きちんと点検することによって2発電所4ユニットは正常な運転が当日再開されたのであるが，それ以外の運転中の5カ所の発電所の7ユニットでは，ボイラーの設備の一部が損傷して約1週間以内に復旧を終われる程度の損傷であった。

また運転していなかったものでもボイラー等の設備に損傷を受けたり，運転していても被害自体が軽微なものもあって，よくもちこたえられたというべきかも知れない。

② 変電所

変電所の被害は伊丹変電所，新神戸変電所，神戸変電所，西神戸変電所という27万5千Vの4変電所と17万V未満の葺合変電所などでアンカーボルトが破断し，変圧器が横に動いたりして大きな被害を受けた。

これらの被害を受けた設備は大震災当時の耐震基準（1980年基

準）以前に作られた施設であったことによるものであった。震度7のエリアにおける耐震基準別の変電所の被害状況をまとめたのが表2-3である。

表2-3　震度7エリア内変電所被害状況

被害		建設時期				計
		～1964年	1965年～1974年	1975年～1984年	1985年～	
被害	有	7箇所	7箇所	0箇所	0箇所	14箇所
	無	0箇所	6箇所	6箇所	3箇所	15箇所
被害率		100%	54%	0%	0%	48%

耐震対策を施した変電所は被害なし

耐震設計基準制定（1980年）

出典：「関西電力の防災体制」平成22年4月13日関西電力㈱

1980年基準以前の設備を改修または取り替えることが課題であることが浮かび上がってくる。

③　架空送電線

架空送電線は鉄塔11基が損傷を受けたが特に有馬変電所と伊丹変電所を結ぶ有馬線では地盤がずれて鉄塔が一基損壊したため送電停止状態となった。[注3]

④　地中送電線

102線路が被害を受けたが通電不能になったのは3線路のみであった。

（注3）　この時とった対策は後述（24頁～切替送電）

⑤ 配電設備

消費者に近い配電設備は最も被害が大きかった。電柱は約11,000本が倒壊したり，折れたり，焼けたりした。また，電線も約7,700余の線，変圧器も約5,300台が被害を受けた。

この配電設備，特に電柱は震度7の強震地域で被害が大きかった（図2-4）。ただ電柱の被害の80％は建物が倒壊したため起きたものであった。建物が倒壊して電柱にぶつかり倒壊したり，建物が倒れて電線が引っ張られ電柱が倒壊したり折損したりしたのである。

地中配電設備の被害としては，管路のひび割れなどによりケーブルが損傷したものなどがあった。

⑥ 通信設備

架空の通信ケーブルは電柱の折損，火災により被害が出て，保安用電話は神戸支店管内の76回線が停止状態となったが，多重無線回線が健全であったため，被害情報の収集，その後の復旧活動に役立った。

⑦ 業務施設

業務施設は新耐震基準前に建築されたものが被害を受けたが，特にひどかったのが神戸支店ビルで，使用不能の状態に立ち至った。神戸支店ビルは地上9階地下2階の鉄骨鉄筋コンクリート造で昭和39年に建てられ，神戸支店と三宮営業所が入っていた。

耐震補強を実施していたので崩壊は免れたが，余震に対する危険回避から地上部は使用不能とされた。したがって復旧作業は，非常災害対策本部を地下1階食堂に移して実施し，三宮営業所は駐車場に仮設店舗を作り，そこに対策本部を設けて対策にあたることを余儀なくされた。

（4） 仮復旧 ● ● ●

被害の大きさに比して仮復旧は，**153時間（6日と9時間）**で応急送電が完了した。それを表したのが表2-4または図2-5である。

図2-4 電柱の被害分布図

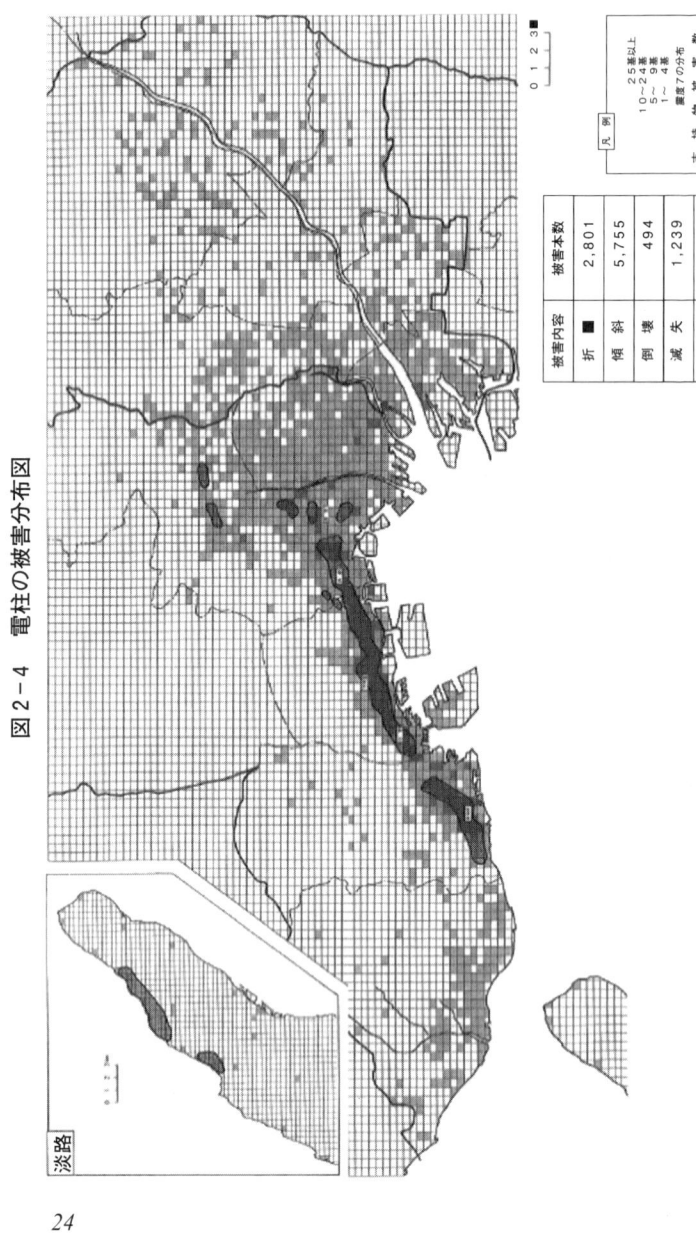

被害内容	被害本数
折 ■	2,801
傾 斜	5,755
倒 壊	494
滅 失	1,239
合 計	11,289

凡 例
25本以上
10～24本
5～9本
1～4本
震度7分布
支 持 物 被 害 数
(0-25■当たり)

出典:「阪神・淡路大震災復旧記録」平成7年6月関西電力㈱

24

第2章　ライフライン〔1 電　力〕

表2-4　応急送電の状況

1/17	5:46	260万軒	兵庫県南東部，大阪府北部，淡路島中心に停電が発生
	7:30	100万軒	（健全な箇所から切替送電を行って神戸〜西宮間の100万軒まで減少）
18	8:00	約40万軒	
19	19:00	約11万軒	
20	18:00	約6万軒	
21	15:00	約3万軒	
22	13:00	約1万軒	
23	15:00	0	

出典：関西電力㈱資料より作成

図2-5　応急送電の状況
停電復旧の時間推移

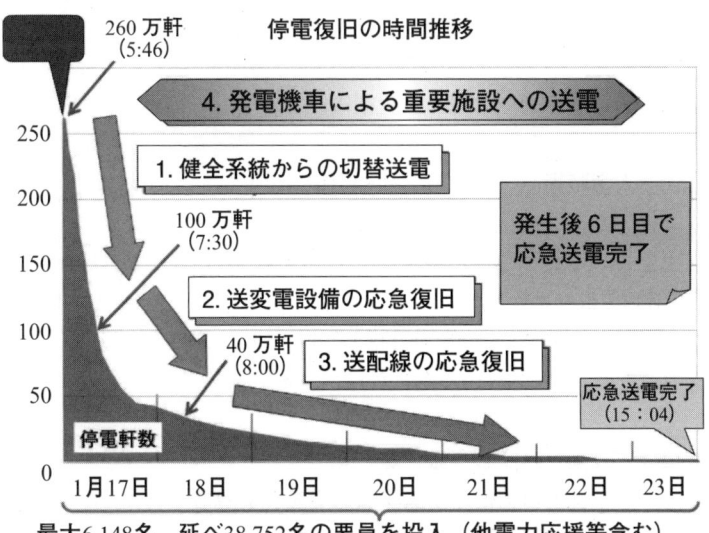

- 260万軒（5:46）
- 4. 発電機車による重要施設への送電
- 1. 健全系統からの切替送電
- 100万軒（7:30）
- 2. 送変電設備の応急復旧
- 40万軒（8:00）
- 3. 送配線の応急復旧
- 発生後6日目で応急送電完了
- 応急送電完了（15:04）
- 停電軒数
- 1月17日　18日　19日　20日　21日　22日　23日

最大6,148名、延べ38,752名の要員を投入（他電力応援等含む）

出典：「関西電力の防災体制」平成22年4月13日関西電力㈱

利用者の電気を一刻も早く通電して欲しいという要請に応える早期の復旧を支えるポイントは次のようなものであったといえる。

① **24時間体制の監視システム**

電力供給のシステムは中央給電指令所と，基幹系統給電所および8ブロックの給電所でそれぞれ5人一組のメンバーで3交代制で24時間電力供給の運転，監視をしており，送電に異常が起こっても，これらの組織が有効に機能した。

② **切替送電**

阪神・淡路大震災では，高圧送電線の損傷がおこってもその異常を検知し送電が止まり，また電力供給システムの多重化を図っており，中央指令センターで他の健全なルートに切り替えて送電したため，地震発生時から2時間弱で100万軒の停電が解消された。

③ **電柱・電線の仮復旧**

倒れた電柱・電線の復旧は，日頃の防災訓練の経験を生かして迅速に実施。

鋼管の副木を地中に埋め，折損電柱をバンドで締めたりして送電した。

④ **人海戦術——他電力会社の応援**

電柱・電線の仮復旧は特に多数の人手が必要とされるので，他の支店からの要員を増強したり，他電力会社からの応援（以前から電力会社間で取り決めがなされている）によって迅速な仮復旧を実施した。1月19日のピーク時は6,148名，延べ3万8,700名を投入し，他電力会社からの応援は326名にのぼった。

(5) **教訓と見直し** ● ● ●

① **耐震性と電力供給システムの多重化の検証**

発電所等の電気設備については，1980年に制定された耐震設計基準に基づくものは耐震性が実証された。

また，高圧送電線などの架空送電線や変電所が損傷を受け送電に

支障が起きた場合は、他の健全な系統へ**切替送電**ができる電気供給の多重化のシステムも、早期に停電を解消することに有効であったことが実証された。

② 電気火災事故防止の取り組み

早期の送電再開は、利用者からの切実な願いに応えたものであるが、他方**通電**によって**発生した火災**もあるとされている。これは電気を使用中に地震が起きて、そのままにしておいたため通電後に火災したケースである。このため通電の際には、積極的なPR活動の展開が必要であることが改めて浮きぼりになった。

③ 社内防災体制の強化

迅速な復旧を図るために、電力会社の社内防災体制の更なる強化を図ることが重要である。

　　イ　初動体制の迅速化
　　ロ　情報収集の迅速化
　　ハ　災害対策車両の増備
　　ニ　事業者被災の代替拠点の整備

④ 資機材・復旧要員の広域運営強化

(6) 東京電力の場合　●　●　●

電力事業は全国にくまなく電気を供給するということから電力会社も沖縄を含むと9つの電力会社で電気を供給している。電気の融通は北海道から九州まで、隣り合う供給区域を持つ電力会社相互間でつながっている。もっとも富士川を境として、周波数が50ヘルツと60ヘルツと違っているものの、基本的には全国共通の基準で電力設備が作られている。

すなわち、

① **耐震基準**は、根幹的な施設については、

　　イ．原子力発電所は、原子力安全委員会の指針
　　ロ．火力発電所は、電気事業法、建築基準法、消防法、高圧ガ

ス保安法に基づき，かつ，日本電気協会の耐震設計規程
　ハ．水力発電所は，河川管理施設等構造令や電気事業法による
　　発電用水利設備の技術基準等
　ニ．変電所は日本電気協会の耐震設計指針
と全国共通の基準にのっとっていること。
② **中央給電指令所，基幹系統給電指令所**によって24時間体制で電力需要の調整を含め，供給の監視をしていること。
③ **送電系統のネットワーク化**　50万Ｖや27万Ｖの重要送電系統は１ルート２回線を複数のルートで連結し，その他の送電系統でも変電所で連係がとれるようにして，ある送電系統が送電不能になっても他のルートから送電できるようにしていること。
④ **切替送電システム**　ネットワーク化することによって給電指令所から遠隔操作で切替送電をすることにより停電の解消を早めること。
⑤ **初動体制**　震度６弱以上の地震が発生した場合は，自動呼出システムと安否確認システムによって，非常対策要員，全社員に連絡が行き，連絡を受けた者は携帯電話，携帯メール，電話からシステムに返答をし，そのデータが集計され，対策要員の機動的配置ができるようになり，また安否不明者には安否確認活動を行う。そして社長を本部長とする非常対策本部を立ち上げて対策に取り組むこととされている。

(7)　**応急復旧目標……６日間**　● ● ●

　阪神・淡路大震災の経験から根幹的な電力設備には深刻な被害が発生しないように対策がとられているものの，配電線といわれる電柱は建物によって倒壊したり電線が切断することは避けることはできない。しかし停電している時間をいかに少なくするかが課題となる。阪神・淡路大震災の時，関西電力は，153時間（約６日）かけて応急送電を完了した。これを東京電力も目標としているのである。

平成17年に中央防災会議は首都直下型地震の被災予測を発表した。いくつかのケースを想定したものであったが，たとえば東京湾北部で，M7.3の地震が冬の夕方18時に起こり，風速15mの風が吹いているケースが被害としては最大であるが，この時の停電件数は200万軒と想定している。

これをもとに6日間で応急送電を完了するには1日当たり1万2,000人の要員が必要とされるというのである。単純な比較はできないが，阪神・淡路大震災の時，関西電力が他の電力会社，電気工事業者等からの応援を得て復旧にあたり，その技術系職員が6,200名であったことと比較しても，相当な要員確保が必要となる。要員確保には，社内の被災していない支店，他の電力会社のほか，電気関係の会社，コンサルなどが総動員してかかる必要があろう。

また，6日間での復旧を円滑にするには，復旧資材を前もって確保しておくこと，復旧現場へ行くまでの道路の交通混雑や建物倒壊による道路の閉鎖等も，警察，行政の努力，また通電後に火災が起きないように，個々の住宅でヒーター，コンロなどのつけ放しがないように各戸ごとの確認をするためには住民の協力も欠かせない。近い将来起こると言われている首都直下型地震，それによって惹き起こされる被害は，実際に起こった時でなければほんとうのことは分からないが，神戸地域に比較すると，人口も多く建物も密に建てられている市街地，東京地域での大地震に対する備えは充分過ぎると言うことはない。電力会社は，肝に銘じて対策をとっておかなければならないだろう。

(8) 東日本大震災 ● ● ●

東日本大震災の衝撃は，大津波によって市街地が壊滅してしまい多数の死者，行方不明者を出してしまったというばかりか，電力設備でも最も安全に造られ運営していると考えられていた発電所が大きな被害を受け，原子力災害をおこすと共に電力供給に穴を開けた

ことだった。

　首都直下地震といった直接の地震が発生した地域ではないが，電力供給の源である発電所が被災しても需要地の首都は大きなダメージを受けて計画停電の実施を余儀なくされ，節電計画によって日常の経済活動や生活が影響を受ける事態を招いているのである。したがって，こうした事態に備えることも考えておかなければならないことを示唆していると受けとめなければならない。

　その一つの方法としては，建物に石油やガスを使った自家発電設備や太陽光発電のパネルをつけておくことも真剣に考えておかなければならないだろう。

2　ガ　ス

　日常の企業活動において，ガスは必要不可欠のライフラインの1つである。

(1)　ガス供給システム

　ガス事業は，ガス事業法に基づいて，経済産業大臣の許可を受けて消費者にガスを提供する事業である。企業活動や生活に欠くことができないエネルギーであるとともに危険物を取り扱うことから，国の厳重な監督下に置かれている。供給区域を決めてその区域内にガスを安定的に供給し，料金も適正なものとなるような指導と，安全を確保するための保安規程の作成，設備や工事についても監督を受けている公益事業である。

　海外の天然ガス田から採掘された天然ガスを液化して，体積を600分の1にして液化天然ガス（LNG：Liquefied Natural Gas）として輸入し，わが国の港で陸揚げされ，製造所で気化し，高圧から中圧，中圧から低圧と段階的に圧力を下げられ，事業所や家庭へガスが供給されている。また一部のガスは，ガスホルダーに溜められて，1日の需要変動や緊急時にガスを送り出す機能を有している。これを簡単に分かりやすくすると図2-6のようになる。

　阪神・淡路大震災における大阪ガスの被災経験をもとに，以下にまとめてみることとする。[注4]

(2)　耐震設計基準

　耐震設計はきわめて厳格に定められている。

（注4）　データは2009年8月現在のものを中心として記載している。

図2-6 都市ガスの流れ

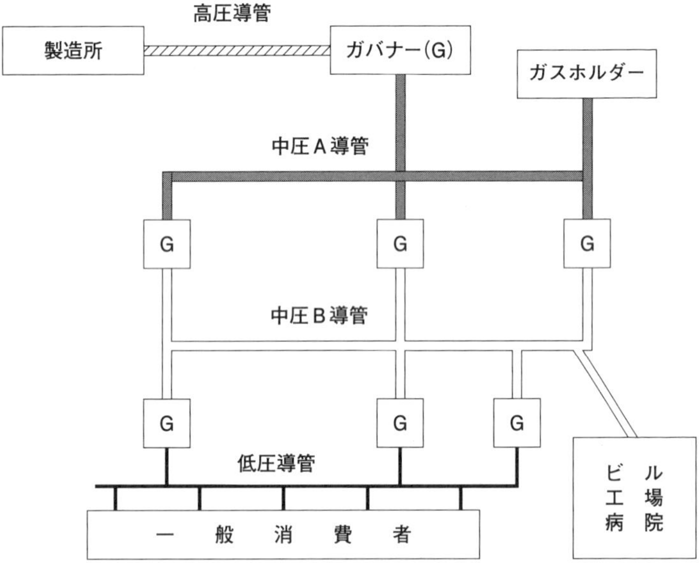

阪神・淡路大震災当時の基準は，次のようである。
① ガス製造設備等の大容量取扱施設
　LNG貯蔵タンク，製造設備，供給所（ガスホルダー）などの危険物を大容量扱う施設についてはLNG貯蔵指針，LNG設備指針，製造設備等耐震設計指針，球形ガスホルダー指針などによって，震度6相当の揺れにおいても，設備に変形を生じず機能が全く損なわれないこととされていた。
② ガス導管
　高圧導管，中圧導管，低圧導管があり，それぞれガバナー（整圧器）で圧力を落として消費者へガスが送られる。
　ⅰ）**高圧導管**　　製造所から中圧導管へ圧力を下げるガバナー（整圧器）までの管で1～4 MPa（メガパスカル）（1 MPaは約

10気圧）のガスを送る管で，高圧ガス導管耐震設計指針によることとされていた。

ii）　**中圧導管**　　**中圧Ａ導管**は，供給施設のガスホルダーへ送ったり，中圧Ｂ管へ圧力を下げるガバナーまで送る管で，0.3MPa以上１MPa未満の圧力までのもの

　　中圧Ｂ導管はビル，工場や低圧導管へ変圧するガバナーまで送る管で，0.1MPa以上0.3MPa未満の圧力のもの

iii）　**低圧導管**　　低圧導管は，最終利用者の家庭へ送る管で，0.1MPa未満のもの

ii）とiii）の中圧導管と低圧導管は，中低圧ガス導管設計指針によって，標準的に５cmの地割れ，段差に耐えるものとして設計されていた。

これらの指針によって高レベルな地震に対して，
・貯槽，高圧ガス管等は構造物に変形は生じるが，倒壊，漏えい等は生じず，人身事故を防止すること
・ガス発生設備，低圧ガス管等は，構造物の機能を喪失するが，一層の被害の縮小化を図ること
とされていたのである。

(3)　阪神・淡路大震災の被害状況　●　●　●

①　製造設備・供給設備・高圧ガス導管

ガス設備には，地震計が主要なものに備え付けられており，大型施設である製造所と供給所の地震の大きさを示す最大加速度[注5]とSI値[注6]は図２-７のようであった。

基本的には震度６相当の設計指針であった製造所，供給所およ

（注5）　地震の揺れの大きさを表すものとして加速度があり，東西方向，南北方向，垂直方向の　三方向の値のうち最大のもので，起きた地震の強さを表現しgalで表示

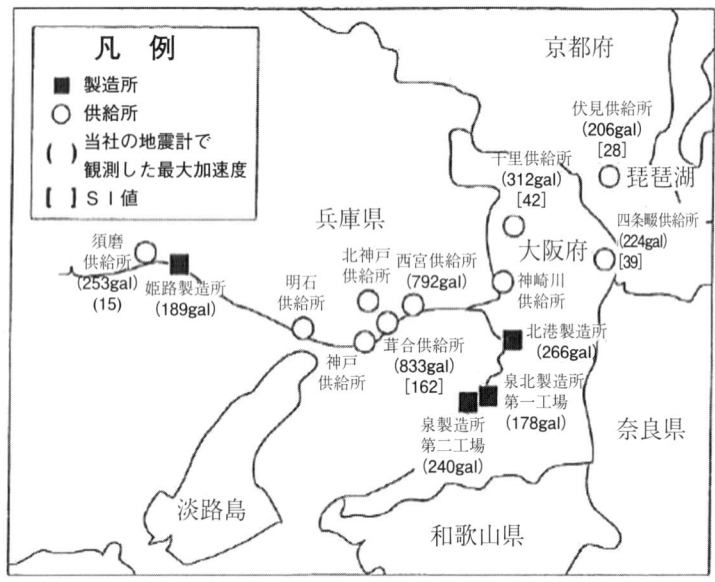

図2-7 地震発生時の最大加速度とSI値

```
凡 例
■ 製造所
○ 供給所
( ) 当社の地震計で
    観測した最大加速度
[ ] SI値
```

（地図上の表示）
- 伏見供給所 (206gal) [28]
- 千里供給所 (312gal) [42]
- 四条畷供給所 (224gal) [39]
- 須磨供給所 (253gal)
- 姫路製造所 (189gal) (15)
- 明石供給所
- 北神戸供給所
- 西宮供給所 (792gal)
- 神崎川供給所
- 神戸供給所
- 葺合供給所 (833gal) [162]
- 北港製造所 (266gal)
- 泉北製造所 第一工場 (178gal)
- 泉製造所 第二工場 (240gal)

出典：「阪神・淡路大震災被害の復旧・復旧記録」平成8年3月　大阪ガス㈱

び高圧導管に被害が出なかった。図2-7で見るように200〜300galの加速度では当然としても，833galという，震度に直すと7に相当する地震力のあった葺合供給所が全く被害がなかったことは，これまでの耐震設計の妥当性が実証されたものと言ってよいと考えられる。

（注6）　地震によって一般的な建物がどれ程揺れるかを示す値。Spectrum Intensityをとって SI値という。最近地震被害との相関が高いとされている。また震度との相関関係も強いとされる。例えば，震度4だと SI値は4〜10，震度6強だと SI値は71〜120とされる。最大加速度（galで表示される）も地震による地面の揺れの大きさを示す指標で，震度との相関関係もある。

② 中圧，低圧ガス導管

中圧ガス導管は，導管の継手部分で106件の被害を受けたが，大きなガス漏れに至っていなかった。一方，低圧ガス導管は26,177件，被害を受けた。被害の状況は，中圧導管では継手部分，低圧導管では本管，支管，民有敷地内管，管の材質などである。

阪神・淡路大震災によって得られた検証結果から，大きく分けて，次のような4点にまとめることができる。
1. LNG荷揚設備，貯蔵設備，製造所，供給所の耐震性は，現行基準によって，充分耐えられたこと。
2. 高圧導管の継手部分には被害はなかったが，震度7の地区には敷設されていなかった。しかし震度7の地区にあった高圧導管と同じく，裏波のある溶接接合中圧管の被害がなかったことから，安全と言える概然性が高いと推定されること。
3. 中圧導管は，昭和38年以降の新しい溶接方法による継手部は被害がなかったこと。
4. 低圧導管は，伸び縮みが弾力的にできるポリエチレン管での被害がなかったこと。

このことから，大阪ガスの供給区域では，低圧導管のポリエチレン管への切替えが今後の課題とされている。非耐震管の延長は震災時に約1,300kmであったのが，平成21年3月現在約11,300kmに延びているが，完全にポリエチレン管等耐震管に切り替わるには，しばらく時間の経過が必要とされる。

さらに，民有敷地内の管は会社または個人負担であり，経営体力のある会社の場合は費用負担の決断がしやすいが，中小零細企業や家庭の場合が課題である。

ガス事業は公益事業であるため，業務上必要な通信設備が安全かつ円滑に利用できる必要があることから，専用無線を利用すること

ができる。災害が起こった時などの緊急時には、特にその必要性は高い。したがって、中央指令室と各事業所間の通信は、ホットラインで結ばれており、被害状況の連絡、被害箇所の確認、復旧工事などに効果があげられる。

　固定された無線設備も耐震性を持っていて、阪神・淡路大震災においても被害がなかったことは、仮にガス設備が被災して供給停止となった場合でも、復旧工事が効果的に実施できる体制が整っていることは一般利用者も理解しておいた方がよいと思われる。

（4）　供給監視体制（24時間体制）

　ガスの安定供給と安全を守るために、中央指令室が大阪ガスの本社内に置かれている。ここでは、次のような監視を行っている。

① **製造と供給をコントロール**　日々の需要予測をたて、それをもとに製造計画をたて、製造所にコンピューターで指令をし、需要に対応するようガスホルダーに製造されたガスを貯えながら、供給を遠隔操作で行っていく。

② **輸送状況の一括集中監視**　ガス導管ネットワークについては、主要な場所に設置されているテレメーターでガスの流量や圧力を入手し、安定的に供給されているかをチェックしている。

③ **緊急時**　ガス漏れ、地震などによる緊急事態が発生した場合は、被害状況の把握、供給停止区域の決定、復旧工事の指令等を行う。

（5）　二次災害を防ぐ（供給停止）

　ガス管の大半は地下埋設管である。地震による地盤の揺れと変化に耐えうるように設計されているが、想定をこえる地盤の変化によって破損することはあり得ると考えておかなければならない。引火による爆発の危険があるわけである。

　したがってその対策として二つの方法がとられている。地震計シ

ステムと供給停止システムである。
① **地震計システム**　兵庫県から京都府までの供給区域に設置された241の地震計からの地震情報が中央指令室に入ってきて，SI値（カイン）の大きさによってそれぞれの地域の被害の大小の想定がされ，製造所，供給所，整圧器のテレメーターで被害が確認される。阪神・淡路大震災当時地震計は，全体で34基設置されていた。
② **供給停止システム**
　i) **ブロックシステム**　大地震によってガス導管に被害が発生した場合は，二次災害を防止するために供給停止をする必要が出てくる。しかし全ての区域を供給停止するのではなく，被害の甚だしい地域を供給停止することが求められる。このため，供給区域をブロック化して大ブロック（スーパーブロック），中ブロック（ミドルブロック）と小ブロック（リトルブロック）と3つに分けて供給停止する仕組みが作られている。

　　大阪ガスでは図2-8に示すように，
　　・スーパーブロック　　　　10
　　・ミドルブロック（中圧）　77
　　・リトルブロック（低圧）　148

に分けられていて，被害の状況に応じて供給停止区域を細分化して停止することにより，被害のなかった所では供給を継続し，供給停止した区域も細分化されていることによって復旧にかかる時間を短くして，より利用者の供給停止時間を短くするようにされている。

　　スーパーブロックは山や河川などに合わせて決められ，ミドルブロックは概ね200km²または20万戸程度，リトルブロックは概ね50km²または5万戸程度を目安にして，道路，河川などによって区切られている。

図2-8　ブロック化と地震計配置図（2009年7月）

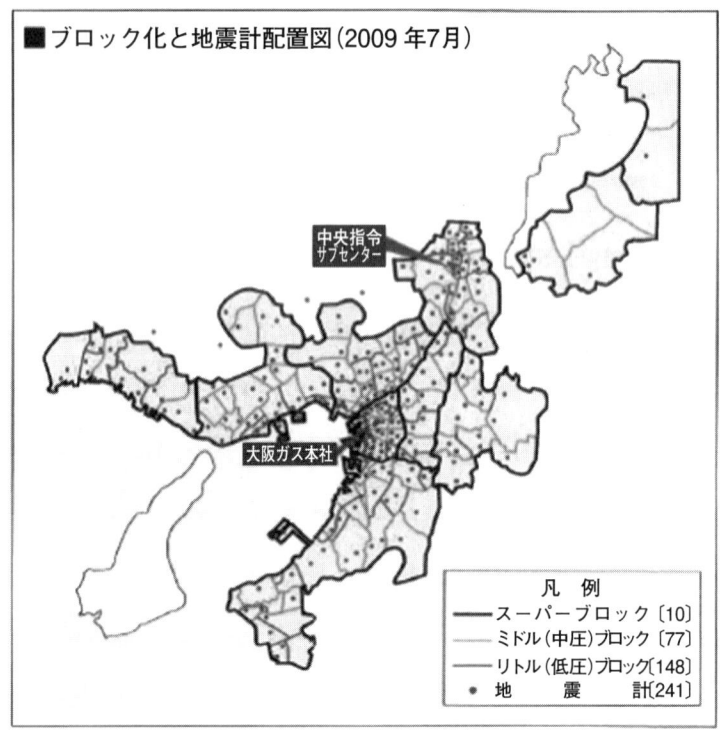

出典：「大阪ガスの地震・防災対策」大阪ガス㈱

ii）　①の地震計システムと利用者からの漏えい情報等によって供給停止区域を決め，その区域へ供給しているガバナー（整圧器）を停止し，供給を停止する。

(6)　耐震基準の改正

高圧ガス導管について震災前は，ガス導管の供用期間中に1〜2回発生する確率を有する一般的な地震動に対し，被害がなく修理することなく運転に支障がない設計をしていたが，震災後はガス導管

の供用期間中に発生する確率は少ないが，非常に強い地震動に対し導管に変形は生じるが漏洩が生じない設計法をとり入れた。

また，大規模な液状化による地盤変状に対する耐震設計法も新たにとり入れた。

(7) 現在までの設備の改善状況 ● ● ●

阪神・淡路大震災を契機に次のように改善されてきている（平成7年と平成21年の比較）。

① **地震計の設置数** 　　　　　34 → 241
② **ガバナーの遠隔監視** 　一部のみ→ 3,342
③ **供給停止基準** 　テレメーターによる中圧ガバナーの圧力，流量の変化，ガス漏れ通報件数の急増，現場に出動して被害状況の調査などを分析して供給停止

　　・第1次緊急供給停止基準
　　　ⅰ）地震計のSI値が60カイン以上になると
　　　　　→リトルブロック（低圧管）を停止
　　　ⅱ）製造所又は供給所での送出量の大変動，主要ガバナーの圧力大変動による供給継続困難
　　　　　→ミドルブロック（中圧管B，低圧管）を停止
　　・第2次緊急供給停止基準
　　　SI値が30以上60未満の地域で道路，建物，主要ガス管の被害状況，漏えい通報から安全性を確認不可
　　　　　→リトルブロック（低圧管）を停止

④ **供給停止ブロックの細分化** 　供給停止戸数の減少と復旧スピードを速める

　　　　　スーパーブロック　　8　→　　10
　　　　　ミドルブロック　　 55　→　　77
　　　　　リトルブロック　　 55　→　 148

⑤ **遮断方法**
中圧Ｂ管　手動遮断　→　遠隔遮断
低圧管　　なし　　　→　自動遮断
＊高圧導管及び中圧Ａ導管は従来から遠隔遮断

これらによってガス管が被害を受けた場合の二次災害の防止は格段に進んできているといえる。

（8）　復旧の迅速化 ● ● ●

阪神・淡路大震災では大阪ガスの全面復旧には３カ月を要したのであるが，可燃性のガスに関する工事であるから，念には念を入れた復旧工事が必要であるため，ある程度の時間は必要と考えておかなければならない。

しかし空調，冷暖房のため，あるいは熱湯，温湯が長期にわたって使えなくなる不便を極小化する必要がある。阪神・淡路大震災の経験から，次のように復旧の迅速化に進展がみられたといえる。

① **供給停止ブロックの細分化**　ブロックの細分化により供給停止される対象が少なくなり，かつ，復旧のスピードが速くなる。
② **復旧工事技術機器**　復旧工事箇所の特定のための管内テレビカメラ，破損管に入っている泥や泥水の抽水機，等に改良が加えられ，工事の迅速化が図られるようになった。
③ **全国ガス事業者から応援隊**　ガス協会の音頭とりで全国のガス事業者が復旧工事の応援に人員と器材を提供したことによって，復旧工事が大阪ガス単独でするより早くできた。全国からの応援の人数は155事業者，総数3,700人にのぼった。

（9）　東京ガスの場合 ● ● ●

地下埋設物が多く，ガス漏れによる引火爆発のリスクを負うガス事業は，地震に対しては常に気をつけていなければならない。その意味で，全国のガス事業者は日頃から地震防災対策には力を入れて

いる。また経済産業省資源エネルギー庁や日本ガス協会も，全国の事業者に対して，地震対策などの防災対策の方針や具体的方法等を示してきており，各ガス事業者もそれに従って対策を練ってきている。

ガス事業者のなかでも最大の供給力と利用者（1,033万件）を有する東京ガスについても紹介しておきたい。基本的には大阪ガスで述べてきたように，全国共通の対策でやっていることが多い。

① LNG貯蔵タンク，製造設備，供給所といった製造設備やガス導管などの供給設備の設計指針は全国共通であること
② 供給指令センターという中央指令所があって，供給所から需要者までの間の圧力と流量を監視し，サブセンターというバックアップセンターも有していること
③ ガバナーなどに置かれる地震計，ガス漏れ検知システム，中央指令所からの遠隔遮断装置，ガバナーの自動遮断装置なども同じような考え方で構築されていること
④ 専用無線のネットワークで緊急時の対策が効果的に実施できること
⑤ 災害が起きた時はその規模の大小によって異なるが，非常事態本部という災害対策本部を決め，特に大災害の際は職員及びその家族の安否確認を複数ルートで行えるようにし，かつ，防災に関係しない部局を含めた全社員総出で復旧活動にかかわる体制をとっていること
⑥ 大きな災害が起きたときは，全国のガス事業者から応援隊の派遣を受けて復旧工事の迅速化を図る体制がとられていること

等である。

もっとも東京ガスの場合は，緊急時のガス供給の停止システムを「超高密度リアルタイム地震防災システム（SUPREME シュープリーム）」を導入し，約4,000カ所のガバナーにすべて地震センサーを設置して，遠隔操作で地区ガバナーを停止できるシステムを導入して

いる。したがって従来はすべてのガスの供給を止めるのに40時間かかったのが，10分程度で止められることになっている。これは二次災害の防止には効果的といえる。このシステムは，45,000kmほどある低圧導管のうち，地震に弱い古いガス導管が残っていることから，被害の大きい地域のガス供給を速やかに停止して地域の安全を守るための仕組みである。

　全ての低圧導管が地震に強い管になれば被害を受けにくくなるので，供給停止の影響は受けにくくなるが，それにはガス事業者が管理する「道路下のガス管」と，需要家の資産となる「敷地内のガス管」両方が更新される必要がある。したがって，当面は地域全ての低圧管が破損することを防ぐことは難しく，安全のために供給停止される区域が出ることは覚悟しておかなければならない。ガス事業者はいかに復旧工事を迅速に行うかが重要になってくるといえよう。

3　水　道

　水は人間の生活にとって欠くことのできないものの一つである。水は古来から自然の恵みによってもたらされてきた。川の流れや泉が人間生活を支えてきたのである。

　人類の文明が進み多くの人々が都市で生活するようになると，人々のために大量の水が必要となってくる。そこで豊富な水源地から都市へ水を送る必要が出てくる。既にローマ時代には水道が建設され，日本でも江戸時代に神田上水が多摩川から江戸の人々へと水を供給していたのである。

（1）　水道供給システム　● ● ●

　わが国の近代水道は明治に入ってからである。近代水道は貯水池で水源を確保し，この水を浄水場に送って濾過，殺菌し，飲料水として作り上げ配水池へ送り，そこから配水管で利用者に供給する仕組みで運営されている。水道は重要な社会インフラであることから，水道事業者は厚生労働大臣の認可を受けなければ事業を営むことはできない。水道法は，清浄にして豊富低廉な水の供給を図ることによって公衆衛生の向上と生活環境の改善を図ることを目的としてうたっている。

　そして水道事業を営む者は基本的に市町村と定め，水道事業者は給水区域，給水人口，給水量，料金などを盛り込んだ事業計画書を厚生労働大臣に提出して認可を受けなければならないこととされている。水道水は飲料水として使われるので，水道事業者は定期的に水質検査を実施して，病気の原因となる物質，有毒な物質，異臭など飲料水として不適当なものとならないようにしておくことが義務付けられている。

水道事業は水源の確保が大切である。もともとは，河川や湖沼からの取水によって水源を確保してきたが，産業の発展，人口の都市集中に伴い，自然の流水では水需要に応えられなくなり，昭和30年代以降は河川の上流部にダムを作り，そこで貯められた水を水道用水の水源として使用するのが一般的となってきている。

　また飲料水としての絶対的条件は衛生的であることであり，これには特に注意が払われている。

　さらに前述したように，水道法の目的に記されているとおり，低廉であることが求められていることは注目に値する。このことについては後述する。

　まず阪神・淡路大震災で被災した神戸市の水道についてまとめてみる。(注7) 以下の記述の参考のため神戸市水道の模式図を図2-9として示しておく。

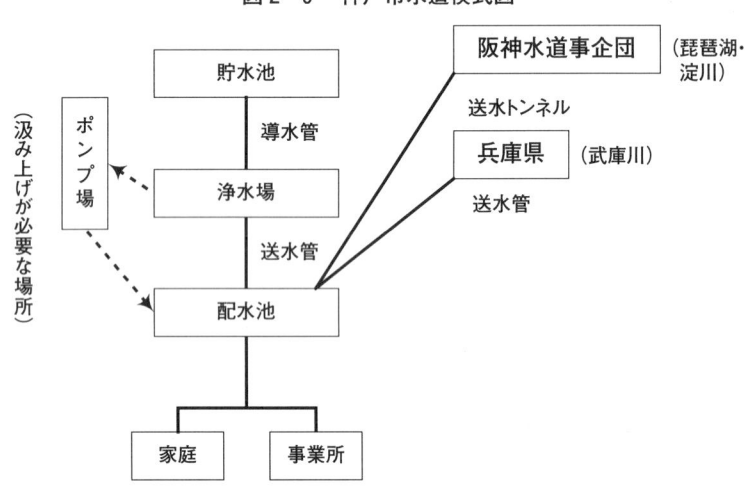

図2-9　神戸市水道模式図

```
                              阪神水道事企団   （琵琶湖・
        貯水池                                  淀川）
                              送水トンネル
        導水管
(汲  ポンプ                   兵庫県       （武庫川）
 み    場  ←---  浄水場
 上げ                          送水管
 が                 送水管
 必       
 要    
 な    ←---  配水池
 場    
 所)   
              家庭      事業所
```

────────────────

(注7)　データは2010年4月現在のものを中心として記載している。

第2章　ライフライン〔3 水 道〕

（2）　耐震基準　● ● ●

　水道施設の耐震基準としては，水道法第5条で水道施設の構造及び材質は地震力に対して充分な耐力を有するものでなければならないと定められ，具体的には日本水道協会が定めた水道施設耐震工法指針にもとづいて建設することとされている。この指針では，水道施設の耐震設計にあたっては，施設の構造特性，周辺の地盤条件を考慮し，それらに適合した設計を行い，施設の地震時の安全性を確認しなければならないとして，

① 　建設地点の選定
② 　建設地点の地盤における土質調査
③ 　構造形式の選定，地盤条件の検討
④ 　構造物諸元の選定
⑤ 　耐震計算
⑥ 　安全性の照査

という手順で耐震設計をすると定めている。指針では，これらに加えてさらに詳細な技術的な事項が定められているが，要するに，水道事業者の判断によって施設の種類，建設地点の地盤等を充分考慮して耐震設計をすることとされている。

（3）　阪神・淡路大震災の被害状況　● ● ●

　神戸市の水道は自己水源が4分の1しかまかなえず，4分の3を琵琶湖・淀川から取水して，神戸，芦屋，西宮，尼崎の4市で設立した阪神水道企業団から水の供給を受けている。(注8)

①　阪神水道企業団

　浄水場，ポンプ場，送水管，配水管の損傷により，一時的には送水が停止状態となり徐々に回復したが，水量不足の状態が続いた。

(注8)　その他に武庫川から取水する県営水道からも供給も受けているが，その量は極めて少ない。

② 神戸市水道
 i) **貯水池・浄水場**　3カ所の貯水池は顕著な被害はなかった。7カ所の浄水場のうち1カ所で大きな被害を受け一時的に稼働不能となったが，他の箇所では被害はほとんどなかった。
 ii) **送水管**　重要施設の2系列の送水トンネルは被害軽微であったが，部分的に漏水や亀裂が発生した。
 iii) **配水池**　119カ所ある配水池のうち1カ所で漏水が起こったが，他の配水池の被害は軽微であった。
 iv) **配水管・給水管**　配水管，給水管の被害は特にひどい状況であった。配水管は1,757件被害を受け，修繕件数は2,283件にのぼり，給水管は約9万件の修繕が必要となった。特に給水管の9割をしめる塩化ビニール管の被害が大きかった。
 v) **受電設備**　電気を使用して作業する浄水場，ポンプ場は当時37カ所稼働していたが，その全てが停電した。復電までの時間は早いところで25時間，遅い所で62時間，その他の所でも概ね12時間程度を要した。
 vi) **庁舎**　水道局の入っている市役所2号館6階がつぶれ，東部営業所も倒壊，西部センターが類焼するなどの被害を受け，情報の収集，発信，復旧活動の大きな妨げとなった。

(4) **復旧にあたっての課題**　●　●　●

　神戸市の水道は自己水源が4分の1しかなく，4分の3を阪神水道企業団から水の供給を受けている。このことは阪神水道企業団が被災し水道水の供給が滞った場合，利用者への水道供給は困難を伴うこととなる。

　しかも配水管は通常でも漏水対策として管の取替えが必要であるのに加えて，地震で被害を受けた場合は，その補修に相当の時間と労力が必要となる。しかし水道は日常生活に必要不可欠であり，毎

第2章 ライフライン〔3 水道〕

日必要な日常水を供給しなければならない。応急給水が課題となる。
① 応急給水
　当初は市全域が断水状態になったこともあり，応急給水は至上命令となった。
　ⅰ） **給水拠点**　　従来から災害時に給水拠点を作る構想が進められていた。これは2つ以上の配水タンクを持つ配水池を給水拠点として，災害時に1つのタンクを貯留用にするため，管理センターに設置されている地震計と連動して水の流出を止め，水を貯め，ここから給水タンク車で病院，避難所，学校などの臨時給水所へ運び，給水するものである。もっとも交通混雑のため効率的作業は困難を極めたのだが。
　　　震災当時18カ所でこの仕組みを活用することができたが，とても充分とはいえなかったものの，こうした取り組みは災害の備えとしては有効であることが実証されたといえる。
　ⅱ） **消火栓の利用**　　給水拠点の数は限られており，給水所までの交通混雑で計画通りの給水に困難が残ったので，給水区域が拡大していくにつれ，給水タンク車が消火栓から水を補給して給水箇所で給水することが実施された。
　ⅲ） **海上自衛隊，海上保安庁などの給水船の利用**　　他都市などの給水は海上運送の方法をとることによって，被災地における陸上交通の混雑を免れることができ，輸送効率が上がるので効果的であった。
② 応急復旧
　特に被害の大きかった配水管，給水管の応急復旧工事は，区域を限って試験通水，漏水調査，修繕という作業段取りをして実施するため，多くの日数と人員を要した。したがって他都市の水道事業者，民間工事業者も大規模に投入して行われた。このようにして順次通水を開始していったが，最終的に全市で仮復旧が完了し，応急復旧が終わったのは4月17日までかかった。

（5） 阪神・淡路大震災の教訓を踏まえた対策 ● ● ●
① 耐震工法指針の改正

　水道施設は前述したように貯水池，浄水場，配水池，導水管，送水管，配水管，給水管などの多種多様な構造物，設備，機械器具類によって構成され，利用施設に給水されている。特に給水管，配水管は総延長は長く，しかも老朽管も数多く存在しているため，これらを大地震に備えて全て耐震化することはとてもできないことから，水道システムのなかで施設に**重要度をつけて耐震化する**という方式をとることにしたのである。1997年にその考え方を採用し，2009年に改訂された新しい指針では，すなわち「水道施設は設計地震動のレベル及び施設の重要度に応じて，地震時にそれぞれの水道施設が保持すべき耐震性能を確保できるように設計する」としている。

　水道施設の重要度はランクA1，ランクA2，ランクBと3つに分ける。

ランクA1　（1）　取水施設は，貯水施設，浄水施設，送水施設
　　　　　　（2）　配水施設のうち，破損した場合重大な二次被害を生ずるおそれの高いもの
　　　　　　（3）　次の配水施設で代替施設のないもの又は破損した場合<u>重大な二次災害を生ずるおそれの高いもの</u>（注9）
　　　　　（ⅰ）　配水本管
　　　　　（ⅱ）　配水本管に接続するポンプ場，配水池等
　　　　　（ⅲ）　配水本管を有しない水道の最大容量の配水池

ランクA2　ランクA1の対象とならなかった配水施設で代替施設があるもので，かつ破損した場合に重大な二次被害を生ずるおそれが低いもの

（注9）「重大な二次被害を生ずるおそれが高いもの」とは直下に民家等がある配水池や，塩素などの危険物の流出により周辺の生活環境等に重大な被害を及ぼすおそれが高い施設などのことをいう。

ランクB　　ランクA1，A2以外のもの

　この水道施設の重要度に対応して地震動のレベルも1と2，さらに保有すべき耐震性能も1，2，3と分けてマトリックスで体系化を図っているが，ランクAの施設についていえば，建設地点で供用期間中に発生する可能性の高い地震動に対しても健全な機能を損なわない，すなわち，倒壊，破損など給水に支障をきたさないように設計することとされ，ランクBでは地震によって生ずる損傷が軽微であって，地震後の修復が軽微なものにとどまり，機能に重大な影響を及ぼさない等とされたのである。

　このように個々の施設毎に絶対的な耐震基準を決めるのではなく，水道施設の給水システム上の機能に着目して耐震基準が定められたのであるが，この基準を達成するのは容易ではない。貯水池，浄水場，配水池，配水管は，これらが適切に耐震化されつつ更新されていくことが望ましいが，莫大な費用がかかる。

② 災害に強い水道づくり【神戸市水道施設耐震化基本計画】
　神戸市では阪神・淡路大震災の教訓を基に平成7年7月に「神戸市水道施設耐震化基本計画」を策定した。その重点は二つで，第1は阪神・淡路大震災クラスの災害時でも4週間で応急復旧を完了すること，第2は耐震化の促進である。
【第1　応急復旧】
1)　4週間で完了する
　　阪神・淡路大震災では，応急復旧に長いところで10週間かかった。給水を待ち望む市民からの問い合わせのデータからは4週間を超えると"我慢も限界だ""水汲みがつらい""疲れた"などの怒りや悲痛な声が増えてきていることが分かる。日常生活において断水による我慢の限界がこの頃にあるというこ

とから4週間以内に応急復旧をするという目標が決められたのである。

2） **応急給水**

（ i ） 目標水量（リットル／人・日）と方法

	給水量（ℓ）	給水方法
震災発生から3日まで	3	・タンク車による運搬給水 ・配水池での拠点給水
10日まで	20	・500メッシュで配水管の通水 ・通水した管に仮設栓設置
21日まで	100	・200メッシュで通水 ・仮設栓増設
28日まで	250	通水

（ ii ） 応急給水の体系

a．運搬給水基地

被災後の断水によりタンク車の運搬給水が必要となるが，必要水量の確保を図るため，

① **配水池** 中央指令センターによって，貯留タンクが2つある配水池の1つのタンクの緊急遮断弁を締め，そのタンクから給水車に給水する。

② **大容量貯水槽** 給水タンク車に給水する。47カ所ある。

③ **大容量送水管** 新たに建設している大容量送水管から直接給水タンクに供給する。

④ **仮設給水栓** 通水可能となった地区毎に，道路上に仮設給水栓を設置して，ここから給水を行う。

【第2 水道施設の耐震化】

① **基幹施設**

 i ） 貯水施設の堤体補強

 ii ） 浄水場の補修

 iii ） 導水管の耐震継手管への付替え等の耐震化工事

iv） 配水池の補修
v） 送水管の耐震化
② **配水管** 小中学校等の防災拠点や地域中核病院等へのルートの耐震化や幹線・準幹線等の耐震化を図る。

> **"いつでもじゃぐち"**
>
> 　阪神・淡路大震災の時，断水地域の住民に水を取りに来てもらう臨時給水所まで給水タンク車で水を運ぼうとしたのであるが，道路も損壊したり，住宅などの建物が倒れていて通行できなかったり，救援や復旧のための車両がたくさん通行したりして，交通が混雑し，給水車が所定の場所へ時間通りに行き着かないことが多かった。
>
> 　このことを教訓として，神戸市では避難所となる小学校には，耐震化した送水管で大地震時でも送水できるように"いつでもじゃぐち"という仕組みを作っている。"いつでもじゃぐち"とは，普通は水飲み場として運動の後など水を飲む場所であり，災害時には緊急用仮設給水スタンドを取り付けて，複数ある蛇口から水を出して人々に水を供給するものである。
>
> 　また，これによって市民には「見えない」耐震化を「見える」ものにする役割も持っている。

③ **建築物等** ポンプ室，電気室，事務所についてはその新設時及び建替時に原則として国の官庁施設の「建築構造設計基準」の重要度の一番高い，Ⅰ類の建築物として設計する。
④ **給水施設** 管の口径の大小によってポリエチレン管や耐震型の鋳鉄管を使い分ける等材質や構造，配管方法を改善して耐震化に取り組む。

図2-10　いつでもじゃぐち

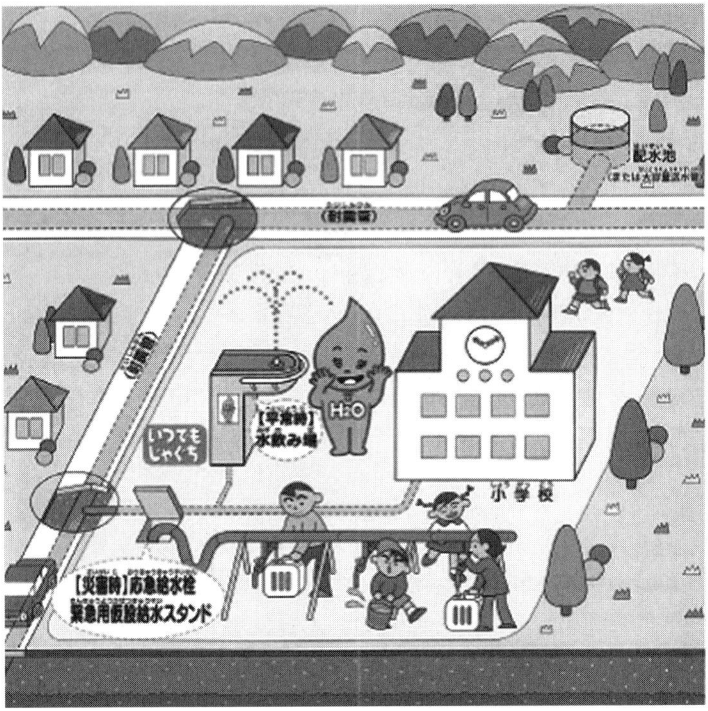

出典：神戸市水道局

（6）東京の水道

　東京は人口と都市機能が集中する首都であり，国際都市である。したがって東京での水道機能が停止することは，生活・都市活動全般を麻痺させてしまうおそれがあるばかりか，国際都市としての信用も失うこととなるため，東京都は水道機能が停止しない水道システムの構築を目指してきている。そして，首都直下型地震がいずれ起こり得るとされているのに備えて，震災対策事業計画に基づいて，施設の耐震化とシステムとしての耐震化を図っている。

1） 施設の耐震化

水道施設の耐震化は神戸市と同じように，現在は日本水道協会の「水道施設耐震工法指針」に拠ることとしている。しかしこれ以前に造られた施設もあるため，新しい基準に沿った改修を進めている。施設整備については渇水時の安定給水確保率，停電時の給水確保率，安全でおいしい水の供給率等16項目の指標のなかに，ろ過池や配水池の耐震施設率，耐震性の劣る管の解消率，大口径給水管の耐震化率，重要施設への供給ルート耐震化率などの指標を定めて，長期計画に基づき，さらに中期の3カ年計画では前倒しで管路更新のための事業費を投入している。これらの指標についてはここでは詳しく述べないが，経年管といわれる，簡単に言うと古い管や耐震性の低いダクタイル鋳鉄管の解消率はほぼ100％近くになっていて，これまでの積み重ねの努力がなされていると見られる。

もっとも26,000kmもある管路の耐震継手率などは未だなされていない状況にあったり，ろ過池や配水池のように実際に稼働している面積の大きな施設の耐震化は，機能を停止して全面改築をすることができない施設であるため，部分的に系列毎に改修していかざるを得ず，これらの耐震化にはもう少し時間がかかるとされている。

2） システム耐震化
① 耐震化の考え方

このように施設毎の個別の耐震化をしていても供給ルートのどこかで被害が出れば断水となってしまう。そこで東京都は昭和58年に送配水施設に関する整備指針を策定し，浄水場と給水所間を連絡する**送水管ネットワークの構築**を図ってきている。その模式図は図2-11のとおりであり，区部でかなりの程度出来上がっており，仮にどこかの給水所などが被災したとしても他の代替ルートを使って送水をすることによって断水を防ぐように計画され，事業が実施されてきている。

現在では，東京湾をまたぐ東南幹線と多摩地区の幹線の整備が進められ，24年度までには東南幹線と多摩丘陵幹線が完成するほど整備が進んでいて，ネットワークとしては概成と言ってよい。

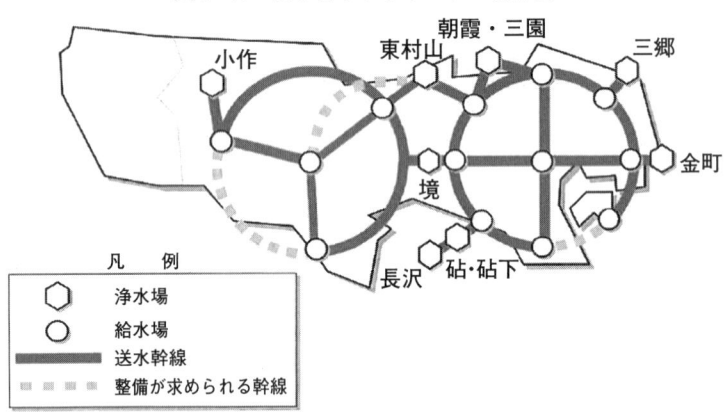

図2-11　送水管ネットワークの概念図

凡　例
⬡　浄水場
◯　給水場
━━　送水幹線
┅┅　整備が求められる幹線

出典：「東京水道長期構想STEP Ⅱ」（平成18年11月）東京都水道局

これに加え浄水場，給水所とポンプ場は，中央の指令センターで遠隔制御および監視によって管理することができるようになっている。

②　浄水場，給水所の自家発電設備

大震災などによって広域停電が起きた時にも給水が可能となるよう，浄水場，給水所には自家発電設備を備えるよう整備が進められていて，現在整備率は約90％，平成25年度までに100％となる予定である。

③　管路のネットワーク化と配水区域への他系統給水　→　断水区域の減少化

①で述べた送水管のネットワークが概成してきているため，配水区域を受け持つ給水所へ二重系統で送水し，一つの系統が被災して

も他の系統から送水することによって断水区域を減少する整備が進められている。これは給水所の整備とあわせて進められることとなる。そのイメージ図は図2-12のとおりである。

図2-12　給水所の整備に合わせた2系統受水化（イメージ）

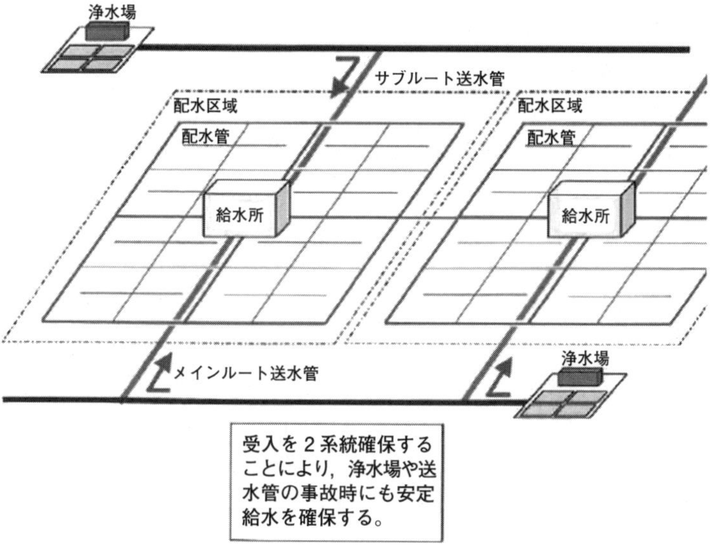

受入を2系統確保することにより，浄水場や送水管の事故時にも安定給水を確保する。

出典：「東京水道長期構想 STEP Ⅱ」（平成18年11月）東京都水道局

④　重要施設への供給ルートの耐震化

首都の中枢機関のある地域や三次救急医療機関等への供給ルートを**特に耐震化**を進めて，地震等によって断水がないように施設整備を行う。

⑤　給水拠点の分散設置

概ね**半径2km以内の場所に給水拠点**を設けている。給水拠点は，浄水場や1日最大配水量の12時間分以上の水量を確保する給水所および公園等の施設の地下に設けられた応急給水槽等がある。平常時はここから配水管を通じて給水する。震災時には配水管への給水を

遮断して、ここを拠点として配水区域の事業所や家庭から来てもらって給水をする仕組みがとられている。したがって東京では、一般的には給水車を使用しないで給水拠点で給水することとされている（給水車による給水が道路混雑により定時給水ができないデメリットがあるため）。この給水拠点は、現在は都内で約200カ所（うち区部100カ所）設置されている。

⑥ 首都直下型地震

平成18年に公表された首都直下型地震の予測で東京湾北部でマグニチュード7.3の地震が発生した場合、水道の断水率は区部で46％とされ、また多摩直下地震における多摩地区の断水率も24.5％と想定されている。

首都中枢機能即ち、政治、行政、経済の中枢機能のある地域への給水系統が被災した場合には、発災後3日以内を目標として優先的に復旧することが求められている。そして発災後4日には、都全体で断水率7％まで下げることを目標としている。配水管の耐震化はかなり進んでいるとは考えられるが、地球半周程の延長がある配水管が相当程度被害を受けることは間違いない。したがって被災箇所から漏水した場合、一定間隔で置かれているテレメーターで圧力低下等のデータが取れるので、要所に設置されている制水弁を閉じて、被害箇所をネットワークから切り離して、断水区域を少なくする作業を実施する。都の23区には支所が6カ所あり、ここに24時間職員が待機しており、こうした事態に対応して、職員と共に、非常時には協定を結んでいる管工事組合の事業者にも手伝ってもらって、3日間でこうした配水調整作業（所謂給水系統切替作業）を行って、断水区域の減少に努めることとされている。

⑦ 復旧工事

断水率を都全体で7％まで4日後には下げるとしても、配水管が被災している場所も、配水管延長が膨大であることから相当程度あるため、この復旧工事も時間と労力が必要とされる。都としては、

被災後20日以内に全地域の復旧を完了することを目標としている。

　配水調整作業に携わった職員と事業者に加えて，他の地方公共団体の応援が欠かせないし，期待ができる。東京の場合「18大都市水道局災害相互応援に関する覚書」と千葉県との「災害相互応援に関する協定」が結ばれているので，これらの応援隊によって復旧工事を急ぐこととなる。地方公共団体相互の応援協定は，阪神・淡路大震災等の災害が起きるたびに実施されていて各公共団体とも慣れていることから，期待してもよいと考えられる。

　また，復旧資材も都内10カ所に資材置き場があって確保してあるほか，他の地方公共団体からの応援隊も必要により持参してもらえることや，資材メーカーからも補給は十分可能であると考えてよい。

4 下水道

　下水道は，市街地に降った雨水によって市街地が浸水しないように排除し，家庭汚水や工場排水を処理場で処理して，公衆衛生の向上と公共用水域の水質の保全を図る重要な公共施設である。

　もともとわが国は屎尿を農業肥料としたり，用排水路が比較的整備されていたこともあって近代的な下水道も明治時代に始まったものの，普及率という点からは先進国からみると遅れていた。本格的な下水道整備が進んだのは，戦後の経済発展と都市化現象により都市に人口が集中し，その必要性が高まってきてからといって過言ではない。

　現在では普及率も全国で73％を超え，大都市部ではほぼ100％下水道が行き渡ってきている状態である。下水道の普及率は同時に水洗化率につながるため，ひとたび下水が使えなくなると日常の生活に支障をきたすこととなるのである。

（1） 下水処理システム ● ● ●

　下水道の種類は大きく分けて二つのものがある。公共下水道と流域下水道である。公共下水道は市町村が管理を行うもので，流域下水道は二つ以上の市町村の下水道からの下水を受けて都道府県が管理するもので，いずれも終末処理場で下水を処理するものである。これらの下水道の管理者は下水道法の規定に基づいて事業計画を国土交通大臣に提出して認可を受けて事業を行うこととされている。

　下水道は雨水と汚水を管渠を通して排除・処理し最終的に河川や海域へ放流するものであるが，その方式として二つある。雨水と汚水を分けて集める①分流式と，雨水と汚水を一緒に流す②合流式である。

① **合流式** 合流式下水道は家庭や事業所などから出される汚水を下水管に流し，また雨水は道路側溝などから下水管へ流して，自然流下あるいは必要によって途中でポンプ場で汲み上げて，処理場へ送り込む方式である。

② **分流式** 分流式は，市街地に降った雨水は道路の側溝から雨水管で集めて公共用水域へ直接放流し，家庭や事業所から出される汚水は汚水単独の管渠で集めて自然流下あるいは必要によって途中でポンプ場で汲み上げて処理場へ送り込む方式である。

処理場では，汚水に含まれる土砂などを沈殿させてから，汚れ（主に有機物）をバクテリアなど微生物の力で分解し，水と汚泥に分離してきれいな水を河川，海などの公共用水域へ放流する。

つまり，合流式は，雨水と汚水を一緒にした管渠を作るのに対し，分流式は雨水管と汚水管の二系統を作る点で合流式の方が建設コストは低い。処理場は合流式の方が処理する量は多くなるため，広い面積の処理場を作る必要があることと，大雨が降った際処理場の通常の処理能力以上に水が流れ込んでくると処理が充分でないまま放流せざるを得ないことがあり得る。

わが国では下水道事業が開始された頃は，汚水の処理による生活環境の改善と雨水の処理による浸水の防除の双方の目標を早期に達成する面から合流式を採用する都市が多かったが，現在では分流式で建設する都市が一般的となっている。

ここで紹介する神戸市は分流式（一部合流式），東京都区部は主に合流式を採用している。ここでも下水道のしくみと阪神・淡路大震災における被災の状況を神戸市の例をとって説明することとする。

図2-13 下水道事業模式図

①【合流式】

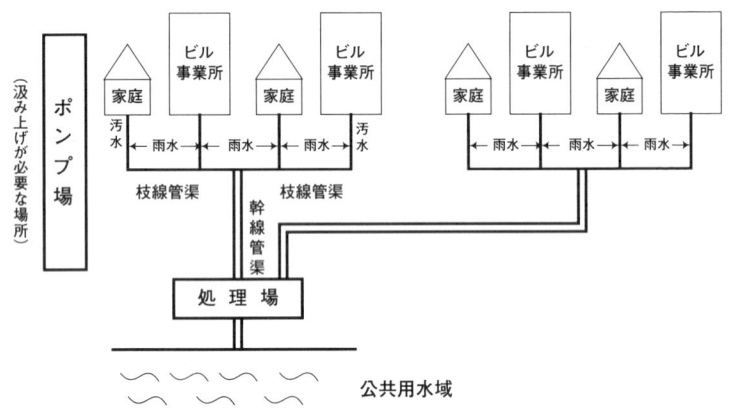

②【分流式】

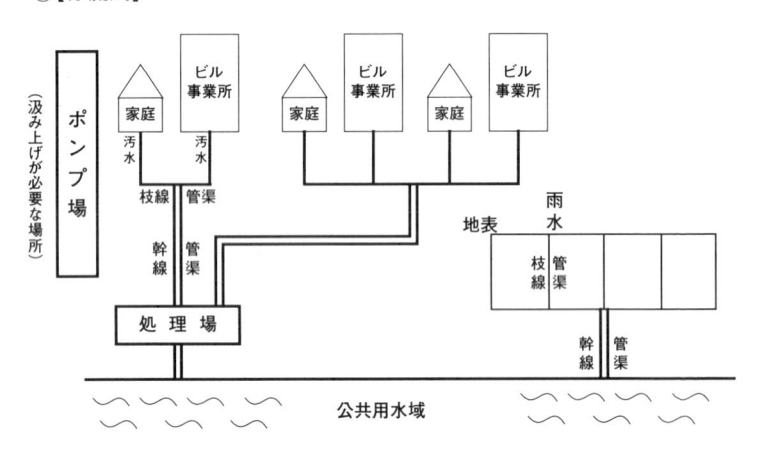

＊全国の90％以上が分流式である。

(2) 耐震基準 ● ● ●

阪神・淡路大震災当時の下水道施設の耐震設計は，日本下水道協会が1981年に作った下水道施設地震対策指針によることとされていた。もっとも神戸市は，1951年から下水道施設を作ってきているので，この基準に従ってつくられたものはそれほど多いとはいえないが，この指針では大略次のようなことが記されていた。総体的には，下水道管理者が適切な地震対策を行えというものであったといえる。すなわち，地震対策の基本的な考え方として，

① 下水道施設の計画，設計，施工及び維持管理にあたっては，地域や地質の実情に応じて地震に対し必要な対策を講ずる。指針の解説では，地震対策の強さとしては大正13年の関東大震災の東京都区部，昭和39年の新潟地震の新潟市，昭和53年の宮城沖地震の仙台市程度を想定するとしていた。

② 下水道施設の耐震設計にあたっては地域特性，施設の特性や規模等を考慮する。そしてポンプ場及び処理場などの重要な施設は耐震設計法を用いて安全性を照査する。

そして各論のなかで，

③ 管路施設の耐震設計は重要な幹線管渠を対象として，その建設にあたっては，土質及び地盤調査を実施して河川等を横断する箇所や軟弱地盤の箇所では耐震性の向上を図る。

そして重要な幹線管渠としては

ⅰ） ポンプ場及び処理場に直結する幹線管渠

ⅱ） 河川等を横断する管渠など

ⅲ） 相当広範囲の排水区を受け持つ吐き口に直接する幹線管渠

と解説されていた。

(3) 阪神・淡路大震災の被害状況 ● ● ●

阪神・淡路大震災は下水道施設についても甚大な被害を及ぼした。下水道の施設はライフラインのなかでも一般的に町中で人目に触れ

ることが少ない施設である。ガスや水道の場合は埋設管が多いものの，供給されているガスや水自体はしょっちゅう目にするものでもあるし，地震が起きて管が破損すればガスの場合は臭気が周辺に立ち込めたり，水道の場合は道路から水が吹き出してくることで被災の状況が分かる。しかし下水の場合は家庭で使われた水やトイレの水は人目に触れることのない地中の下水管を通って処理場に流れていくばかりでなく，途中で下水管が破損して漏水しても水道水のように圧力がかかっていないため，管の破損による道路の陥没がない限り，被災の状況が分かりにくいのである。

人々が困るのはトイレで水が出ないため汚物が流れずに溜まってしまう場合などや，家庭・宅地の中の排水管が破損し，汚物が垂れ流しになるなどであり，処理場やポンプ場が壊れて汚水が処理できなくなることなどの下水道施設の被害が人々に認識されることはあまりないといえる。

阪神・淡路大震災での被害状況を示すと次のようになる。

① 管　渠

　ⅰ）　排水設備

　排水設備は各家庭に設置されているものであるが，浅い所に埋められており，また建物に沿って設置されているため，建物の倒壊に伴って壊れたり，そうでなくても表面地盤の揺れによって多大の被害を受けた。この排水設備は個人が管理するものであるが，使用不能になれば早速各家庭は困るので，修理を求める電話が設備業者に殺到することになったのである。

　ⅱ）　汚水管

　比較的浅いところに設置されている小口径の技線は，地震の揺れが強かった東灘区，中央区，兵庫区での被害が大きく，調査延長約1,200kmのうち63.5kmが被災し，幹線は比較的深い所に設置されているため，被害延長は32路線，1.9kmであったが，地下鉄の駅の崩壊に伴った破損や延長方向のクラックなどが発生した。

iii） 雨水管

雨水管も震度の強かった地域を中心にズレやクラックなどの被害を蒙った。

② ポンプ場

23カ所あるポンプ場のうち6カ所が被害を受け，機能が停止する状態に陥った。これは周辺地盤の液状化によりポンプ場の管が破損し泥水が流入したため起きたのである。

③ 処理場

7カ所ある処理場のうち3カ所で処理機能の停止または低下に追い込まれる被害を受けた。最も被害が大きかったのは，六甲アイランドが正面に見える埋立地に作られた東灘処理場で，もともと地盤が良好でなかったことに加えて，周囲の護岸が崩壊し，汚水を送水する導水渠が壊れて汚水が送れなくなったり，水処理施設・脱水機棟・管理棟などの構造物の基礎杭が破壊される等処理機能が完全に停止してしまったのである。

また他の被災した処理場についていえば，兵庫区にある中部処理場は神戸市で最も古い処理場であり，施設も老朽化していて建築物にクラックを生じたり，配管接続部分の破損が生じ，最終沈殿池で蓋類の落下やチェーンが外れるなどして処理機能が50％に低下した。

また，長田区の西部処理場については，ここも埋立地ということもあって一部地盤改良工事が実施されているものの，地盤条件は悪く，市の処理場の中では2番目の大きな被害を受けた。二系列あった水処理施設のうち一系列が破損や水没等によって処理ができなくなり，全体の処理機能が20％に低下したのである。

（4） 復旧にあたっての課題 ● ● ●

汚水は止められない　下水道は，電気，ガス，水道と異なり，エネルギーやモノを供給する事業ではなく，流下してくる下水を受けて処理をするという受容系の事業である。

電気,ガス,水道は被災施設をいかに早く復旧して供給するかというのが重要な課題である。電気やガスや水が来ない利用者にいかに早く施設を復旧し送ってあげるかが問題なのである。しかし,下水道の場合は汚水や雨水が常に流れ込んでくるのである。もっとも水道水が止まってしまっているところからは汚水は流れてこないが,少なくとも飲料水の供給はすぐになされ,下水管が破損して漏水して地下水が管内へ混入している場合もあるので,いつもより流量は少ないものの汚水は流れてくる。

<u>仮沈殿池の応　　用</u>　ところが,ポンプ場や処理場が壊れてしまっている場合は大変なことになるのである。一番深刻だったのは,東灘処理場であった。処理機能が完全に停止しているため,流れてくる汚れは溢れてしまうわけである。しかし幸いポンプ施設は機能していたため,そこで考え出されたのが,処理場に接している運河を巾40m,長さ約300mにわたってせき止めて,そこに汚水を貯水し,沈殿池として使用することとし,その間に処理機能を回復することとしたのである。すなわち汚水が流水してくる管を直し,仮沈殿池を使用して応急的な仮処理を行っている間に,通常の処理を行えるように施設を仮復旧したのであるが,それには5月1日までかかったのであり,その後本格的に水処理施設,脱水機棟,管理本館などを新たに作る本格的復旧工事に取り組み,平成10年までかかった。被害の比較的少なかった中部処理場,西部処理場は,全流入量の二次処理は,それぞれ1月17日,24日から行い,処理機能が100％回復したのは,それぞれ2月9日,3月7日であった。

ポンプ場も被害を受けたものの,断水により流入水が入ってこなくなったこともあって,機能停止していても実際上問題を生じなかったことと,仮復旧も早く進み,本格復旧も平成7年度中には大半が完了することができた。

第2章　ライフライン〔4 下水道〕

排水管の応急処理　他方管渠についていうと，汚水幹線は埋設深度が深いこともあって，汚水枝線と比べると被害は少なかったものの，バイパスルートの設置，共同溝への仮排水，補強などによって応急復旧をした。汚水枝線は延長6.4kmが被災し，特に地震の揺れの激しかった東灘区，中央区，兵庫区で被災管の3分の2がここに集中した。復旧工事は応急復旧をして下水の通水をしながら実施し，平成9年度までかかった。

　家庭からの汚水は排水設備を通じて下水道の管渠へ流入する。したがってこの排水設備が破損している場合は，家庭で使用した水は下水道を使えない。しかも排水管は前述したとおり，浅い所に埋められていて地震の揺れに大きく左右されるばかりでなく建物が倒壊すると一緒に破損するため被害もきわめて甚大であった。

　家庭ではトイレのつまりや，排水設備の破損によって宅地内ますから汚水が溢れることがおこり，市の職員や水道・下水道の工事を行う管工事業者の組合が窓口となって相談にのったり，修繕工事をすることが実施に移された。しかし相談件数が多く，しかも地震直後は水道の復旧のため業者がそちらに手をとられて，排水設備の修繕にまでなかなか手がまわらなかったり，しかも修繕自体にも日数がかかることもあって，排水設備の復旧には平成17年度中続くことになった。

（5）　阪神・淡路大震災の教訓とその後の対策

　阪神・淡路大震災は前述のように下水道施設にも多大な被害を与え，下水道利用者にとっても不便な日々が続いた。この教訓を生かして地震に強い下水道づくりが進められることになる。

1）　耐震指針の改正（システム耐震化）

　阪神・淡路大震災における被害の状況の検討をすることにより，この指針は1997年に改定され，現在では更に2006年に微修正されたものが下水道の耐震化の指針となっている。新しい指針によると，

耐震設計の基本方針として下水道施設の耐震設計にあたっては，地域特性，地盤特性や規模並びに類似施設の被害事例を考慮し，個々の下水道施設および下水道システム全体として必要な耐震性を有するように配慮しなければならないとしている。

水道の新しい指針が，システムを重視した耐震化対策をすることとしたと同様，下水道に関しても，システム全体としての耐震性の確保をうたっているのである。具体的には，レベル1とレベル2の地震動に対して，下水道施設の重要度によって重要なものとその他のものに分けて耐震設計をするというものである。これを分かりやすく示すと，

① **土木構造物**

重要な幹線管路等	レベル2	耐用年数期限の50年内に発生確率が少ないが大きな地震（例えば震度6や7）
処理場ポンプ場		
その他の管路	レベル1	耐用年数期限の50年に1～2度発生する確率の地震

重要な幹線管渠は2～3項目が追加されているが，1981年版の重要な幹線管渠を基本としている。分かりやすくいうと，例えば震度6などの大地震が起きて処理場，ポンプ場，重要な幹線管渠に損傷を受けたりしても下水を下流に流せる機能，処理する機能が確保できるように設計するというものである。レベル2より地震動の少ないレベル1の地震の場合は，これらの施設は機能をきちんと設計どおり確保することとされている。もっとも既設の重要な幹線等は多数存在していて一度に全ての耐震性能の確保が困難な場合も当然あるので，段階的に整備していくほか，**下水道のネットワーク化**を図っていくことも考えていくこととしている。

② **建築構造物**

昭和56年（1981年）に改正された建築基準法の新耐震基準に適合する耐震性能および耐震水準を確保することとされている。すなわ

ち関東大震災級の震度6程度の地震に見舞われても倒壊せず，圧死者を出さないという基準である。

2） 耐震化への取組み

神戸市の下水道施設は，

  処理場　　7カ所
  ポンプ場　24カ所
  幹線管渠（汚水）3,997km
     （雨水）　626km（平成19年度　事業概要より）

であるが，新しい耐震指針に合致しているものは当然ながら少なく，耐震化あるいは耐震補強が未了のものが多く存在し，耐震診断にも予算がかかるため思うように進んでいない。特に処理場は面積が広いので，これら全体の耐震化は結果的に取り壊して新たに作り直すこととなり，現状の処理をしながらではとても耐震化をすることは困難な状況下にある。震災後神戸市は「災害に強い下水道づくり」を次のようにして進めることとしたのである。

①　**下水道ネットワーク計画**

市の方針は下水道のネットワーク計画によって災害に強い下水道を作るという考え方に基づき下水道システムの耐震化を構築していこうとしている。この下水道ネットワーク計画とは5つの処理場を耐震性の高い大深度の幹線で結び，大地震で被災した処理場へ流入してくる汚水を他の処理場で処理できるようにするものであり，既にこのネットワーク幹線は完成している。しかもこの幹線の汚水の融通，貯留機能を生かして処理場自体の耐震改修が可能となるほか，日々の流量調整に使用したり，光ファイバーの布設空間など，これからの街の変化に対応できる下水道システムである。

②　**管渠の2条化，多系統化**

阪神・淡路大震災の際，六甲アイランドと処理場を結ぶ下水連絡管が大きな被害を受けたことを教訓として，別ルートで第2連絡管を作って2条化し，1本が被災しても他の一方が使えるようにした。

したがって前述のネットワーク幹線などの重要な管渠も2条化したりすることによって，汚水の流下に支障がないようにすることとしたのである。

③ 処理場の防災拠点化

処理場は広い敷地を有していて，水処理施設に人工地盤を作り上部を公園にしたりすることができるため，地域防災計画上避難所に2カ所が指定されており，緊急時ヘリポートとして使える箇所も1カ所作られている。

④ 管渠の耐震化

延長的には，大半の管渠はレベル1に位置づけられるが，ネットワーク幹線や国道などの災害時の緊急輸送路下の管渠，ターミナル駅周辺の管渠，避難所と処理場を結ぶ管渠など，重要な幹線管渠の耐震化は急いで実施されているものの，予算と時間制約を大きく受けていると言わざるを得ない。

⑤ 仮設水洗トイレ

阪神・淡路大震災の時の経験から生み出されたのが，公共下水道利用型仮設トイレである。当時水道の断水により水洗トイレの使用ができなくなり，市民生活が大変混乱した。たくさんの人々が避難した避難所には仮設トイレが設置されたものの，汲み取り方式であったため，汲み取り車が交通渋滞で思うように作業することができず仮設トイレが使えないケースが多発した。このことの経験から公共下水道を利用して仮設トイレを作ることが考え出されたのである。すなわち，小中学校など避難所に指定されている校庭や公園などに仮設トイレ用汚水管を設置し，適当な間隔でマンホールを設置しておく。災害時にこの**マンホールの上に上屋とポータブル仮設トイレを設置する**というものである。現在60カ所に300基が設置されている。これらとあわせ，緊急時の仮設トイレの全体計画は100人に1基の割合で2,000基設置することになっている。

（6） 東京の下水道の場合 ● ● ●

東京は下水道事業の歴史が古く，その事業の主体ややり方にも変遷があるが，現在は概ね次の仕組みで下水道事業がなされている。

区部　　　　処理場（東京都では平成15年以降「水再生センター」と名前を変えているので，以下「水再生センター」と表記する。）と管渠の全てを都が公共下水道として行い，8割の地域が合流式である。

区部以外　　都は流域下水道として処理場と幹線管渠を都で，それ以外の管渠を市町村公共下水道として行う。8割の地域が分流式である。

都の下水道は他の都市と比較して極めて事業規模が大きい。これをまとめてみると次のようになる。

表2-10　東京都の下水道事業

	区部	多摩地区（流域下水道）
計画面積（ha）	約58,000	約49,000
計画人口（万人）	約900	約350
水再生センター（箇所）	15	7
ポンプ場（箇所）	85	2
管渠（km）	約15,800	約230

＊東京都下水道局資料より作成

このような膨大な施設を管理していることと，しかも大正，昭和初期に敷設され法定耐用年数を超えた管渠も多数存在し，処理場も神戸市と同様に現実に下水処理をしながらの改修には困難が伴う。

1）　耐震化の状況

大規模な設備を設置する水再生センターとポンプ場の土木施設の耐震化は，新設されたもの以外は，震度6強以上の地震に対する耐震基準に達していないため，順次水再生センターの再構築を進めて

いくなかで，耐震化を図っていくこととされている。水再生センターは，常時下水が流入してきており，これを止めて耐震化を図ることは不可能なため，他の処理場との連絡管を作って処理をそこでしてもらって改修する方法とか，下水処理の水の流れの水路は水再生センターで何系統かに分かれているので一系列ずつ改修していくとかいう方法をとらざるを得ないが，いずれにしても膨大なお金と時間がかかるのである。

ポンプ場は下水処理システムに欠かせない施設であり，下水管は下水を自然流下させ勾配をつけて管渠を埋設するため，ある程度の距離でポンプ場を作って水を汲み上げてまた管渠で下水を流下させる。このため，流下するのにしたがって管渠やポンプ所の規模が大きくなり，きわめて大きな発電気使用量の設備が必要である。東京で使われている電気の1％を下水道で使っているほどである。したがって，地震によって通常の電力からの供給がされなくなって停電状態になるとポンプアップができなくなって，下水が溢れてしまうことになる。そこで全てのポンプ場ではないが，自家発電装置を持っており，18時間分のポンプアップをまかなえるようになっている。またこれ以上の停電の場合も，石油供給団体と協定を結んで燃料を供給してもらい，自家発電が出来るようにしているほか，東京電力からの送電も二系統化して電源の二重化を図っている。ポンプ場や水再生センターでは被災した際の復旧対策の仕事をしている場所にもなるので，情報の収集，連絡，復旧作業に支障がないよう管理棟の耐震化は既に完了している。

管渠についても幹線道路の横断や避難所などの重要な施設につながる幹線管渠の耐震化を順次進めていくこととしているが，これまた目標を達成するには相当の時間が必要とされている。

2） 首都直下型の管渠の被害想定

首都直下型地震の被害予測では，区部の管渠の被害率は22.3％としている。下水道管渠の5分の1が被害を受けることが予想されて

いるのである。したがって東京都は災害復旧に力を入れることとしている。

3） 復旧の方法
① 被害情報の把握
大地震による下水道施設の被害情報は,
(a) 水再生センター，ポンプ場などは管渠の中に設置している光ファイバー通信などを利用して2, 3日中には把握できる。
(b) 管渠については被害の場所は特定できないため，職員等が現地に行って確認し，さらに詳細にはマンホールから管渠の中に入って検査するが，人の入ることのできない小口径の管渠などには，カメラを入れて検査しないと正確な情報が把握できないので時間と労力が必要となる。

② 復旧目標
平成20年11月に都が発表した都政のBCP（地震編）によると，下水道の応急復旧は，**発災後30日を目標**としている。30日以内復旧の目標は，被害延長の大きさを考えると大変な人員が必要となってくる。

③ 災害復旧支援
そこで従来から地方公共団体相互の支援ルールが定められており，東京都区部で震度6弱以上の地震が発生して被害が大きい時は，大阪市が他の政令指定都市の取りまとめ役となって都と連絡を取り，他の都市に人員と機材を要請して救援に駆け付けることとされている。なお，被災時の管路の調査の方法やチェックリストなどについては，日本下水道管理業協会が「下水道管路施設災害復旧支援マニュアル」を作成している例がある。こうした地方公共団体相互間の支援はかなり頻繁に行われているため必要な復旧支援体制が整えられるものと考えてよい。

5　まとめ

　阪神・淡路大震災の経験をした後,「自助,共助,公助」という言葉がキーワードとして強調されるようになった。

　大震災が起きた際,公助に頼っているだけでは真の防災対策にならないことが痛感された。救命・救急活動について言えば,地震によって倒壊した建物の中にいる人達の救出は家族や近所の人によってなされたことが多く,自衛隊などが現地へ到着するのは,ある程度の時間が経ってからであることを考えると自助や共助に頼らざるを得ないことが多いと再認識されたのである。自助とは何かといえば,**地震災害に関する知識を持つこと**,**地震が起きた時の必要な行動をとること**及び**地震に対する日頃からの備え**であるといえよう。

　ここではライフラインに絞ってまとめてみる。

　地震によってライフラインは,特に大地震が起きた際は大きな被害を受け,企業活動や生活には大きな影響を与える。電気事業,ガス事業,水道事業,下水道事業は,それぞれ電気,ガス,水道の供給や下水の処理を目的としていて,これら事業の施設はそれぞれの目的に沿った供給や処理を安全で適切に行える設備を作ってきているのである。その仕組みをきちんと理解した上で,阪神・淡路大震災のような**大地震が起きた時にはどのような被害が出てどのように復旧したかを知っておくこと**が,首都直下型の大地震が起きた時の備えのために必要である。そしてこうした事態に備えることが自助の一環として認識し,言ってみればBCP（事業継続計画）の一部としてライフラインの部分を作っておくことである。

　日頃常時不便なく利用できている電気,ガス,水道,下水道が使用不能になった時に備えて,

　第1に,これらの**使用不能期間**がどのくらいの日数続くのかをあ

第2章　ライフライン〔5　まとめ〕

らかじめ想定しておくこと，

　第2に，それらの期間の不便を耐えるためにどのような我慢をしておいたらよいのかを想定しておくこと，

　第3に，それらの不便をしのいでいくための**代替手段**をどのように備えておくのか，

　第4に，これらのための**費用の備え**をしておくこと，である。

　第1の復旧期間については，東京の場合電気については最大1週間，水道，下水道については1カ月間，ガスは約50日間で応急復旧するということとされている。阪神・淡路大震災の経験をもとにした目標であるから，東京の場合この目標期間でおさまるか否かは百パーセント保証できるとは言えないかもしれないが，利用者はこれを目安として備えることを考えておいたらよい。

　第2の不便を耐えることについていえば，事業所の事業遂行をライフラインの使用を極小化するための職員の配置，勤務時間の変更による対処方針の決定が必要である。

　第3の代替手段については前述したいくつかから（これ以外にも選択手段はありうるが）選択することとなるが，例えば応急給水箇所や仮設トイレの場所などはあらかじめ調べておくことが好ましい。

　蛍光灯ランタン，発光ダイオードランタン，カセットボンベ，カセットコンロ，電池等の救急時代替用品は，日頃からの備えが大切であるが，備えがない場合または足りない場合には，いち早く販売店に行って買う，または予約することが大事である。緊急時には買いたい人が殺到し，早い者勝ちになるからである。

　また，企業は大事な手形振出しや支払が期日に間に合わせる必要があり，そのため調書は通常パソコンに入れてあるので，いざという時に備えて**バックアップ**をクラウディングしておくとか，バックアップデータを絶対安全な場所に置いておく（通常の金庫はその建物が火災にあると金庫の中も消失してしまう）ことをしておくことが望ましい。

第4の費用の備えについては，どの会社でも予備費というものを予算で計上しているが，通常は災害時のことはあまり念頭になく，経理上必要な額を計上しているにすぎないことが多いが，これまで述べてきたような震災時に必要となる経費についても含めておくようにしたい。

（1）電　　力 ● ● ●

　現代生活において電気は必要不可欠なものである。多くの会社はビルや工場が仕事場である。その仕事を継続していくため多くの電力を日々消費している。冷暖房などの空調，トイレや調理室で使う水を屋上に設置されているタンクへ揚水するポンプ室，エレベーター，出入口の自動ドア，整備保安のためのセキュリティシステム，パソコン，サーバー，電話，そして昼間でも使用する照明。

1）非常電源設備

　このためいざという時に備えて，ビルには非常電源システムを備えているところが多い。しかしどれくらいの非常電源を備えておくかは決まりがあるわけではなく，ビルのオーナーの判断によっている。中小零細ビルでは，非常電源システムを持っているところは少ないから，ある程度以上の規模のビルに当てはまるといえる。

2）停電情報

　日常生活に不可欠なライフラインの復旧は利用者が強く待ち望んでいる。自分のところは1日でも早い復旧を望んでいるわけである。一方，ライフライン事業者は，要員の確保や交通渋滞により計画通りに復旧が進まないことなどの状況下におかれ，しかも電気で言えば送電系統が切れた場合，通電可能が近い場所と遠い場所では復旧に早い遅いの違いが出ることもあり，自分の所を早くという利用者の要望に応えるのが難しい場合もある。

　しかしこうした障害を乗り越えて東京電力では平成22年5月から停電情報をホームページで公開し，停電している地域と復旧の見込

まれる時刻を公表することに踏み切った。地震災害が発生すると，被災施設の復旧について特に電気やガスは毎日のように復旧状況をマスコミを通じて広報してきているが，最も個々の利用者が知りたいのは自分のところがいつ復旧するのかである。マスコミを通じる情報はそうした個々の場所についてまでは手が届かない。このホームページによる公表は地名が表示され，また地図も表示されるということなので，きわめて意義は高いと考える。

阪神・淡路大震災の時たぶんNHKだったと思うが，震災で亡くなった方々のお名前を繰り返し深夜放映していたが，全部見終わるまでずっと見ていなければならず，画面もややゆっくりめに流れるため時間がかかった記憶があるが，インターネットで表示すれば，もっと知りたい人には便利である。それを今回やったことは，今後の情報ディスクローズに一石を投じたものといえる。

3）節電と予備電源

電力会社の発電機車は警察署，消防署，病院，避難所などの重要な拠点にしか配置されないので，一般の事業者は停電期間中は節電せざるを得なくなる。昼間は電気を使用しなくてもすませるが，業務遂行にあたって夜間にどうしても作業せざるを得ない場合は，電池式の蛍光灯ランタンや発光ダイオードランタン等の照明器具を備えておくことをお勧めする。また太陽光を含めて自家発電設備を備えておくことも重要な課題である。

（2） ガ　ス

ガスの利用者から見て大地震が起きた際の備えは，大企業，中小企業，零細企業あるいはガス使用量の大小によって差が出ることは充分考えられるが，共通している点から述べると次のようになる。

①　使用している建物のガス設備の設置場所及び設計図書の保管場所を確認し，その日常使用量（1日，1週間，1月等）の把握をしておく。

② 敷地内配管（屋外敷地の官民境界からの屋外にあるガスメーターまでの配管を灯外内管，ガスメーターから屋内での配管を灯内内管と称している）をポリエチレン管などの大地震に強い管とする工事をしておく。

③ 供給停止区域の対象となった際の代替手段の検討をしておき，必要によって機器の備蓄または供給契約，賃貸契約などを決めておく。災害拠点病院，救急指定病院など大量のガスを利用している公共性の高い施設がある区域が供給停止区域となった場合，阪神・淡路大震災の時は予備的に保有している代替燃料（主としてプロパンガス）を提供したが，これを一般化することは資金的には仲々大変なことであるが，こうした公共性の高い施設はいざという時の備えとしてあることは念頭においておいた方がよい。

しかし一般の事業所は自らが備えをしなければならないので，カセットボンベ，カセットコンロ等の代替燃料を必要により備えておくことがよいと考えられる。

④ ガス供給再開日の把握——広報の重要性

阪神・淡路大震災の時は全国からの応援隊の協力を得ながらも，完全にガスが復旧するのに86日間かかったのである。その間不便を強いられる利用者にとっては，早くガス供給の再開される日を待つ気持ちが高いといえる。大阪ガスは広報対策本部を設けほぼ毎日復旧情報を発表するほか，地区ごとの復旧予定もチラシやポスターを作って配布するなどの対策をとった。

（3） 水　　道　● ● ●

大都市部では水道の普及率はほぼ100％であり，特に水質上の問題もあって井戸水を飲料水として使用することはほとんどなくなってきている。したがって，いざ大震災が起きて断水状態になると井戸水を利用することができない状態に置かれているといってよい。最近は再開発などをする際，防災のことを考慮したプランを組み込

んだディベロッパーが井戸を設置して備えをしているところも散見されるが,まだきわめて限られている。したがって利用者としては,①貯水タンクの量を多めに準備しておく,②水の節約をする,③給水拠点からの受水をしながらの給水開始を待つことになる。

東京における場合について以下に述べる。

① **貯水タンクを建築する際に多めに準備しておくことは意外と難しい**とされている。多くの建物ではほぼ半日分の水使用量のタンクを設置しているようであるが,1日にタンクの容量が2回使用される程度が水質を良好にしておくためにもよいとされているほか,タンクの増量は当然費用がかかることもあって,なかなか実行することは難しいと考えざるを得ない。

② **水使用の節約**

会社の業務遂行に必要最小限の職員によって業務をするよう発災後即座に決定し水使用量を減らし,飲料用はペットボトルの備え置きや新規購入によって飲料水を確保し,タンクの水はトイレ用に利用するなどの措置をとることが望ましい。

③ **給水拠点からの受水**

公的セーフティーネットとして都内には約200カ所の給水拠点があるので,近くの場所をあらかじめ確かめておき,必要に応じて受水に行くことで給水再開までしのいでいくことをBCPに組み込んでおくことが必要である。

④ **災害時に備えた協定井戸**

東京都では環境保護条例により地盤沈下防止等を防止するため地下水の汲み上げ規制が行われているが,小規模なものは規制されていない。しかし,井戸の使用は保健所の許可が必要で飲用なのか生活用なのか使用目的をはっきりしておかねばならず,水質と水量確保に手間と費用負担がかかる。ただ,震災時は貴重な生活用水となるので,地元市区町で井戸の所有者と協定を結び,災害時に誰でも使用できる「協定井戸」という仕組みがあり,近くにこの協定井戸

があるかをあらかじめ調べておくとよい。

（4）下水道 ● ● ●

　大地震によって水道が止まり，または停電が起きると，水洗トイレはたちまち使用不能となる。ビルの場合は大勢の人々が働いたり住んでいるので，屋上等に設けられた水槽の水も短期間で断水状態になり，トイレの利用ができなくなる不便に遭遇する。

　最近のトイレは便座の自動開閉，ウォシュレット，自動水洗と快適性，便利性の追求がかなり進んでいてそれが災害の時にマイナスに働く可能性がある。以前のタイプのように便器の上の水タンクを手動によって水が流れるものであれば，必要水量を確保しておけば水道の復旧までしのぐことができるが，そうでない場合は結局使用可能な自宅とか他のビルでの利用ができない場合は，仮設トイレの利用を強いられることになる。

　東京都区部の場合，各区で**仮設トイレや簡易トイレ**を約50万基用意している。そしてこの仮設トイレをマンホールに直接設置して下水道に直結できる箇所を約3,900カ所指定している。これは避難所に指定されているところなどの防災上の重要な地点にテントを含む仮設のトイレが保管され，いざという時に組み立てられ使用することとされていて，その場所は区役所で聞くと分かるようになっているほか，防災訓練でも仮設トイレの設置訓練が行われており，ビルのオーナーも調べておくことがよい。またオフィス用の非常用トイレを，かなりの量を備蓄しておくことが重要である。

　また水道が復旧した際に注意しておくべきことは，地震によってトイレの排水管が継ぎ目ではずれたりすることが起こり得るので，その場合点検せずに使用すると継ぎ目から汚水が漏れ，床下などに浸水したり，ビルの場合だと下の階の天井に汚水が流れ出るおそれがある。実際に阪神・淡路大震災でもそういう事例があったようなので，給水復旧後トイレの排水管の点検が必要である。

第3章　通信事業

（1）　通信事業

　電話，インターネット等の通信事業はライフラインの一つであるが，電気，ガス，水道，下水道といったライフラインは地域性が強い特色があるのに対し，通信事業は広域性が強いことに特色がある。
　すなわち，ある地域で電話が通じなくなったとすると，その地域間ばかりでなく全国各地，世界各国への連絡がつかないことになるからである。企業の経済活動では毎日おびただしい情報の流通が通信事業を利用して行われており，家庭生活でも知人との連絡，必要な情報の取得等を通信事業を介して行っており，各家庭でもほとんど毎日電話やインターネットを利用していると言ってよい。
　特に最近では携帯電話やインターネットの普及によってますます通信事業への信頼に頼っているという現状である。したがって，例えば鉄道が事故である区間が不通になって利用できないような例は基本的には通信事業では許されないという認識で事業が組み立てられている。
　電気通信システムの模式図を示すと次のようになっている。

図3-1　電気通信システムの模式

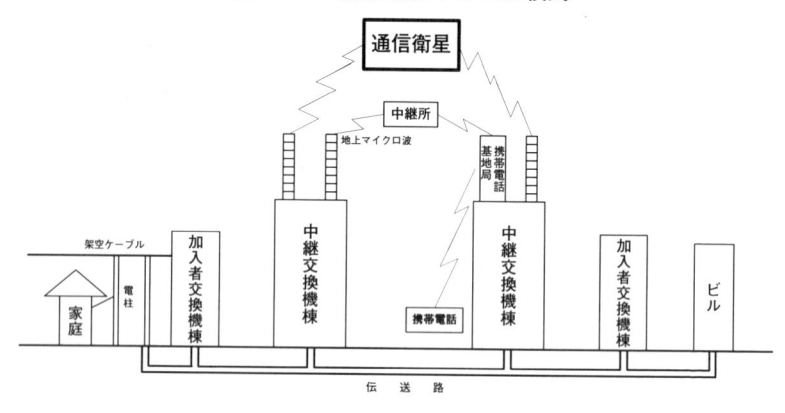

(2) 耐震基準　●　●　●

阪神・淡路大震災以前の耐震基準は、設備の種類毎に次のようになっていた。

表3-1　阪神・淡路大震災以前の耐震基準

	耐　　震　　性
建物，鉄塔	震度5：損傷しない
	震度6：軽微な損傷
ビル内通信設備	震度5：損傷しない
	震度6：軽微な損傷は受けるが機能に影響なし
ビル外通信設備	【とう道】
	震度6：損傷しない
	【ケーブル】
	マンホール内ケーブル余長

NTTグループ資料より作成

第3章　通信事業

（3）　阪神・淡路大震災における被災状況　● ● ●

阪神・淡路大震災によってNTT西日本の電気通信設備も，神戸市を中心として大きな被害に見舞われた。

　　○交換ビルの被害
　　　　鉄塔傾斜　　　　　　2基
　　　　ビル被害　　　　　　3ビル
　　　　バッテリー倒壊　　　1ビル
　　　　予備電源損傷　　　　3ビル
　　○交換ビル外の被害
　　　　管路　　　　　　　　217km
　　　　地下ケーブル　　　　26km
　　　　架空ケーブル　　　　535km
　　　　電柱　　　　　　　　3,651本
　　　　マンホール等　　　　2,650個

商用電源の停止や予備電源の損壊等により28.5万回線の交換機能が停止し，加入者ケーブルの損傷により，19.3万回線のサービスが中断した。

（4）　復旧活動　● ● ●

交換機系	1月18日
加入者系	（倒壊家屋を除き） 1月31日

前述したように電信電話回線は被災地域のみに被害がとどまるばかりでなく，全国，世界に及ぶことから，NTTグループとして延べ28万人の復旧要員を使って空路，海路からの復旧資機材を輸送して投入し，交換ビルには移動電源車を投入して電源を確保し，1月18日の午前中までに復旧，加入者系の通信ケーブルの取替作業も1

月末の目標を掲げ、14日間で応急復旧が完了した。もっとも倒壊家屋などでは電話自体が消失したり、壊れているので電話は使えない状態が続いたことは言うまでもない。

輻　輳　お正月などは普段より電話をかける人が多くなるため電話がかかりにくくなる。これを"輻輳（ふくそう）"といい、電話線がラッシュの状態となる。通信をさばく中継機の容量には限界があるので、この状態が大きくなると機械の故障を引き起こすこととなるのである限度をこえた場合、機械の作動を停止させてしまう場合がでてくる。特に大地震が起きた時は被災地への安否確認、情報把握や人的物的救援申出などの電話が極度に増えることが多い。

阪神・淡路大震災の地震発生後2～3日の通信状況を表したのが図3-2である。

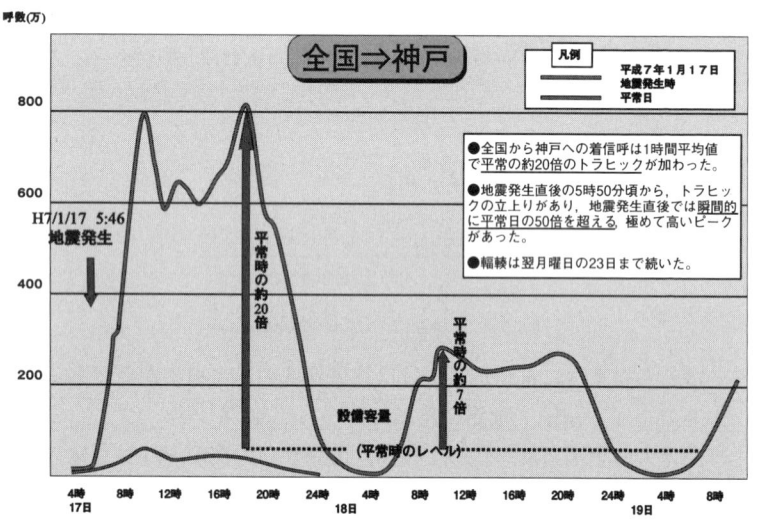

図3-2　阪神・淡路大震災時の通信状況

出典：内閣府「首都直下地震対策専門委員会」資料（平成16年5月）

第３章　通信事業

　これでみると分かるように平常時は設備容量以下で行われている通信が，地震直後から設備容量を超える異常な通信が全国からかかってきたことを示している。電話を１回かけた回数を１呼数（トラヒック）と称するのであるが，全国から神戸へかけた着信呼数は１時間平均値で平常の約20倍のトラヒックが加わったことを示している。地震発生直後の５時50分頃からトラヒックが立ち上がりはじめ，直後には瞬間的に平常日の50倍を超える値を示した程であった。この輻輳は23日まで続いたのである。

　したがって被災によりまたは輻輳により電話がつながりにくくなった人々のために，ポータブル衛星装置を装備した車等を使って避難所等へ2900回線の公衆電話を特設して電話の利用の便宜を図った。

阪神・淡路大震災の復旧活動（特設公衆電話の設置）
出典：内閣府「首都直下地震対策専門委員会」資料（平成16年５月）

(5) 現在のNTTグループの災害対策 ● ● ●

日本電信電話公社(NTT)は，1999年7月に民営化され，持株会社，NTT東日本，NTT西日本，NTTコミュニケーションズに再編成された。この4社にNTTドコモは災害対策基本法の指定公共機関に指定されており，グループ全体として災害対策に取り組んでいる。全国をネットワークとして機能させているNTTグループとしては，同じく民営化したJRとは災害対策としては異なったやり方をとっている。

すなわち大地震などの激甚災害が起こって国に緊急災害対策本部ができた時など，持株会社がグループ全体を統括し調整を行うこととされているのである。平時における事業会社(NTT東日本，NTT西日本，NTTコミュニケーションズ，NTTドコモ)は電気通信設備の防災設計，電気通信システムの多ルート化，主要な交換機の分散設置などの設備をグループ全体の防災の基本方針にのっとって進めていくことを前提にして，いざ大地震が起きた際は持株会社が全体を統括して対策を講じ，被災地域を中心として全体の通信システムの円滑化，高信頼化を確保することとされている。

1) 通信設備の耐震対策

通信設備の耐震対策は阪神・淡路大震災後以前の耐震基準に震度7(阪神・淡路大震災クラス)の部分が追加され，これによって対策が実施されている。(表3-2)

2) 通信ネットワークの信頼性向上

① **重要通信センターの分散**

通信センターを分散化することによって1つの通信センターの受持区域を小さくして，ある通信センターが損傷しても迂回ルートによる通信確保が効率的にできるようにしている。

② **中継伝送路の多ルート化**

中継伝送路を多ルート化することによってどこかで中継伝

表3-2　通信設備の耐震対策

	耐　震　性
建物，鉄塔	震度5：損傷しない
鉄塔	震度6：軽微な損傷
	震度7：崩壊・倒壊を回避
ビル内通信設備	震度5：損傷しない
	震度6：軽微な損傷は受けるが機能に影響しない
	震度7：一部損傷，主要な設備は早期に機能回復
ビル外通信設備	【とう道】
	震度6：損傷しない
	震度7：軽微な損傷は受けるがケーブル機能に影響なし
	【ケーブル】
	マンホール内ケーブル余長

＊NTTグループ資料より作成

　送路が通信途絶になったとしても自動的に他ルートに切り替えられることとして，全国を網の目のようにネットワークされているので，通信サービスの中断がおこらないようにされている。

③　専用線の二重化

　専用線も二重化することによって一つの線が通信途絶になったとしても他ルートへ切り替えることによって通信の途絶がおこらないようにされている。

④　全国24時間監視体制

　NTTグループは通信設備の異常や異常なネットワークの通信量の監視を行うと共に，大地震が発生して通信設備に異常が発生した場合，監視・制御センターで遠隔操作によって，被災した通信設備やルートの切り替えを行い，現地にも修理担当者を派遣して復旧作業をする体制がとられている。

3) 通信サービスの早期復旧

内閣府がまとめた首都直下型地震の最大の被害予測（東京湾北部M7.3、18時発生）によれば、固定電話の不通は110万回線と予想している。こうした被害の早期解消が必要となる。

① 重要通信の確保

公共機関、防災機関などの重要な機関や避難所等への通信を確保するため、移動電源車、移動基地局、小型衛星地球局、デジタル地上系無線装置といった機動性の優れた災害対策機器を配備する。

図3-3　主な災害対策機器

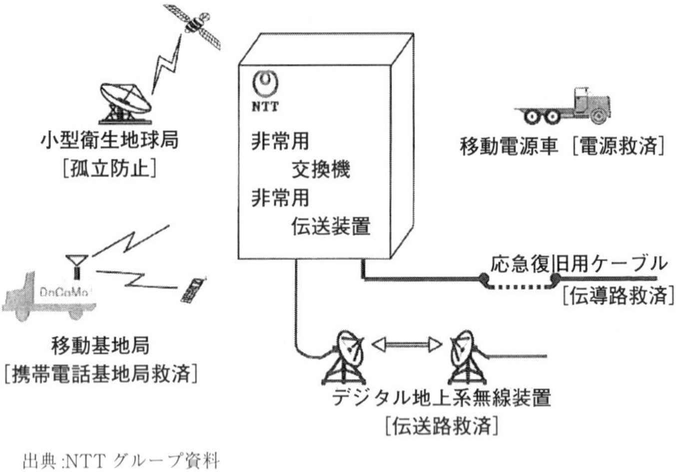

出典：NTT グループ資料

なお、重要な機関は災害時優先的に電話がつながる災害時優先電話が設定されているので、回線が被災していない限り電話はつながるのであるが。

② 特設公衆電話の設置、公衆電話の無料化

被災地の方の通信を確保するために、避難所などに無料の公衆電話（特設公衆電話）を設置している。また、通常の公衆電

話については，阪神・淡路大震災時には停電によりテレホンカードの利用ができなかったり，硬貨の金庫が満杯で利用できなかったという教訓から，非常時の災害の時は有料から無料に切り替えるように改善されている。

③ **広域応援復旧体制**

架空の通信ケーブルなどの通信設備が被災した場合は，全国から復旧要員（被災地外の支店のレスキュー隊員）と機材を集中して投入する広域応援体制が，あらかじめ防災業務計画で決められているところにしたがって迅速な復旧につとめることとされている。

④ **輻輳対策**

阪神・淡路大震災の時の事例で分かるように，災害時には電話が輻輳する。通常時に比べて数十倍といった通信量が発生すると，交換機等の処理能力を超えてしまい，交換機のシステムダウンが起こる可能性がでてくる。このようになると警察，消防，防災機関などへの重要通信にも影響を与えるため，一般電話の接続を制御して規制することとなる。したがって災害時は一般電話はきわめてかかりにくくなると考えておかなければならない。

阪神・淡路大震災時と比べると携帯電話やインターネットが飛躍的に普及しているので，NTT以外の通信事業者もあり通信手段は多様化している。携帯電話と固定電話の違いは，携帯電話の端末は無線によって基地局へ電波が飛び，そこから中継交換機につながれており，電波の周波数が有限であるため一斉に携帯電話がかけられると通信の規制が行われ，一般の携帯電話が発信可能な時間が制限され一定の時間帯のみ発信可能になる。さらに基地局から中継交換機へつながった場合にも輻輳によって規制されるため，結果的には輻輳時には携帯電話も使えなくなるおそれがあるのである。

輻輳時の通信対策としては次のようなものがある。
（ⅰ） 緊急通話（110番，118番，119番）
緊急通話は災害時も一般電話の規制はされない。通信規制中において携帯電話は従来は緊急通話は使えなかったが，最近の第二世代，第三世代の携帯電話では使えるようになっている。
（ⅱ） 公衆電話
公衆電話は災害優先電話と同様の扱いとなっているため災害時には有効である。近時は携帯電話の普及によって公衆電話が少なくなってきているので，以前に比べると利用できる場所が少なくなってきている。したがって災害時には特設公衆電話を避難所などに設置することとされている。
（ⅲ） 災害用伝言ダイヤル（171番）
ⅰモード災害用伝言板サービス
災害用ブロードバンド伝言板（web171）

阪神・淡路大震災の時は，大規模な輻輳が約5日間にわたって続いたため，安否確認等がなかなかできなかったことを教訓として，一般電話から安否確認ができる**災害伝言ダイヤル（171）**を1998年3月末から利用できるようにしている。これは震度6以上の地震が発生した場合，被災地の電話番号をキーとして，固定電話，公衆電話，携帯電話，PHSから171番をダイヤルして音声ガイドにしたがって，被災地の自宅の電話番号をダイヤルし，30秒以内で安否の伝言を登録しておくと，安否確認をしたい被災地内外の親族・知人からその電話番号へ電話をかけられ安否が確認できる。ただしこの171番は登録後2日間（48時間）しか保存されず，日数が経過すると伝言板の伝言は消去される。また伝言板であるので，被災者の電話番号へかけないと安否確認ができないことと，被災者が171番に伝言を登録しておくことが前提となっていることに注意しておかな

ければならない。この伝言板は被災者の安否確認用に開発されたものであり，学校や会社においてこの171番の仕組みがあることを周知しておくことも必要であろう。

171と同じようなものとして，携帯電話に文字情報で安否を書き込む**ⅰモード災害用伝言板サービス**，インターネットを利用する**災害用ブロードバンド伝言板（web171）**もあることは知っておいた方がよいのでこれらのサービスの詳細を調べておくと良いだろう。2004年10月の新潟県中越地震では171番が約35万件，ⅰモード災害用伝言板サービスは約25万件の利用があり，2005年8月に導入されたweb171の利用を含め多様な安否確認方法として利用されている。

（6） OA機器の保全 ● ● ●

1970年代のコンピュータの登場によってオフィス・オートメーション（OA）化が飛躍的に進み，現在ではパソコンは有力かつ効率的な通信手段となっているばかりでなく，データベースとしても日常の業務に不可欠なものとなってきている。したがってこのOA機器が地震によって損壊されたり，使用不能になったりすると会社の業務に著しい支障を生じ，ひいては会社の事業継続ができなくなるおそれがあるのである。

阪神・淡路大震災の際，コンピュータ関連の被害実態の調査報告（注10）によると，被害状況および復旧期間は表3-3，3-4のとおりである。

こうしたOA機器が3割被害を受け，その復旧に1週間以上要した企業が4割から5割あったということは，その間の社員の労力は大変だったことがうかがわれる。もっともこれらのOA機器の利

（注10） 兵庫県商工会議所連合会が平成7年4月に神戸，尼崎，西宮，伊丹及び宝塚に事業所を有する企業1,973社を対象とした調査（回答率25.5％）

表3-3　OA機器の被害状況

	全損	一部損壊	被害なし
ホストコンピュータ, ワークステーション	7.2%	26.0%	66.8%
パソコン, ワープロ	6.6%	32.7%	60.7%
専用端末機器	4.7%	28.8%	66.5%

出典：兵庫県商工会議所連絡会実態調査（平成7年4月）

表3-4　OA機器の復旧期間

	3日以内	1週間以内	1ヶ月以内	1ヶ月以内
ホストコンピュータ, ワークステーション	34.4%	27.6%	24.5%	13.5%
パソコン, ワープロ	29.4%	18.3%	35.5%	16.8%
専用端末機器	28.5%	23.5%	35.3%	12.7%

出典：兵庫県商工会議所連絡会実態調査（平成7年4月）

用に欠かせない水，電気等のライフラインが使えなかったことの影響が大きかったという回答が多かったようだ。したがってライフライン，特に冷却水の確保，非常用電源について復旧期間を念頭においた備えをしておかなければならない。

特にビルが倒壊したり火災によって社屋が焼失したようなケースでは全データが消失したり，建物への立ち入りもかなわなかったため，業務に著しく支障をきたしたことから，データの保管分散の重要性があらためて認識されたといってよい。

この調査ではハードウェアとソフトウェアおよびデータ喪失が経営に及ぼした被害額についても調査をしているのであるが，それぞれの平均被害額は1,524万円，2,665万円，1,748万円となっており，ソフトウェア関連の被害が大きくなっている。ハードウェアは交換したり新しく購入することによって代替が容易にできるのに対し，ソフトウェアに関するデータ喪失は完全修復が不可能であるほ

か，修復には時間と労力を必要とするので，BCPにとっては当然のことながらハードウェア対策よりソフトウェア，データベース保全の方を優先すべきである。

調査に回答した企業のうち約4割（198社）は重要データのコピーを同一建物に保管している（67%）か，別の場所に保管している（30%）と回答している。そのうちの3割の企業が自社でバックアップセンターを持っている（29.2%），外部企業と契約していた（32.3%）としているほか，新会社のホストとオンライン接続していた，ハードウェアベンダーに依頼していたなど，システムとしての防災対策も実施されていたという実態も明らかにされた。しかもバックアップセンターを自社で持っている割合も，外部企業と契約している割合も，中小企業の方が大企業より高かったことは注目に値する。

現在の会社業務はコンピュータがなければ機能しない。したがって社内の「人事」，「給与」，「経理」はもちろんのこと，社外との「顧客管理」，「受発注管理」，「仕入れ，収支管理」，「在庫管理」，「工程管理」など，あらゆる部屋でコンピュータを使用している。したがってこれらのデータが大地震によっても使用できるようにしておかなければならない。

そのために必要なことは，

① 建物の耐震化，免震化によりハードウェアの損傷を防ぐこと。ハードウェアの固定化も同じ観点から必要である。

② 本社，支店，営業所，工場などの間の通信機能維持をしておくこと。これには専用回線や二重ルートの連絡網を構築しておくこと。

③ データベース保全（バックアップ）を図っておくこと。

これには，

　a. 自社でバックアップセンターを遠隔地に設置する。

　b. グループ会社でデータのバックアップをしあう仕組みで対

応する。
　　c. 他企業へバックアップを依頼する。(所謂クラウド・コン
　　　ピューティング(注11))
　　d. 会社の役職員の自宅等のパソコンに分散してバックアップ
　　　する。

　a. は資金力，経済力のある企業が採用しやすい方法。
　b. は新会社，子会社との関係とか，グループ企業で競争相手となっていない企業間での取り決めがしやすい。
　c. は今はやりのクラウディング・コンピューティングで，自社のデータを全て外部の企業に託す方法。データはそこで全て保管され，利用する会社は端末からデータをすぐに引き出したり，入力することができ，大量のデータをホストコンピュータ等の設備投資，維持管理に費用をかけないですむ利点がある一方，個人情報を含め企業情報を他人に渡すというリスクと心理的不安感がつきまとう。

　阪神・淡路大震災の時の前記調査においても「機密保持やデータ保存のあり方」の質問に対して「個別企業がそれぞれ対応すべき」とする割合が71％を占め，「信頼のおける民間バックアップの専門会社の利用を検討する」はわずか15％に過ぎなかったことから考えると，まだわが国では抵抗感が消えにくい状況かもしれない。しかし，銀行にお金を預けるのと同じで，自分のお金を他人である銀行に渡すことに抵抗感がないように，情報を渡すのに抵抗感がなくなるかがポイントである。銀行は当局の強い監督に服していて，様々な検査や行政命令で預金者の保護を図っているのと同じように，情報を預けられるクラウディング会社の信用が銀行と同じように得られるようになれば経済的には意味のある仕組みという考え方の賛成

(注11)　クラウド・コンピューティング：インターネット上のサーバーを利用してデータを処理するシステムで，インターネットを「雲」として図版で使用してきていることから名前が付けられた。

者が増えてくるともいえる。

　d.は主に中小企業などで資本力，技術力，マンパワーなどの点からいってa.からc.までの方法がとりにくい企業でも，パソコンを使って役職員の自宅などのパソコンにバックアップデータを常時入れておく方法も考えられる。データの種類によって役職員で分担する方法もあろう。阪神・淡路大震災の被災中小企業のヒアリングの際も，約定期日までの支払に帳簿等が焼失して困り，支払先に頭を下げて聞きまわって，徹夜で従業員と不渡りなどが出ないようにしたというケースもあったので，簡易なバックアップは是非必要である。その際バックアップはUSBなどに取っておき家へ持って帰るなどということは置き忘れ，盗難などのリスクを伴うので避けるべきであるし，同じ会社内のたとえば頑丈な金庫に入れておくという考え方もある。ただし，同じ会社内のたとえば金庫にいれておくという考え方も，社屋が火事になると温度は800℃にもなり金庫は燃えなくても中にある物は燃えてしまうので，バックアップの意味をなさないことに注意しておくべきである。

(7) ま と め ● ● ●

　企業活動に欠かせない電気通信システムについてNTTグループに関して述べてきたが，企業のBCPを考える上で通信関係のことは常に考えておかなければならない。

　以下に，これまで述べてきた災害対策に加えて，特に留意しておく点を述べることとする。

1) 電源について

　通常，ビルには最低3時間分の蓄電池が設置されていて，停電が起きた際にも通話が可能となるようにされている。したがって地震によって停電が起きても通話が可能であることは認識しておくべきである。もっとも輻輳によってかからないことがあることは言うまでもないが。

2） 安否確認について

　大地震が起きた際,会社としては会社員の安否確認は最初に行わなければならないことである。BCPでもこのことは必ず取り上げられている。

　災害対策機関の職員に限らず,一般の会社でも震度6以上の大きな地震が起きた時に,それを知った時から直ちに一定の役職員は会社へ駆け付けるように決めていることも多い。そうでなくても無線のポケベルなどによって出社を促すようにしているところもある。また,一般社員に対しても地震発生後直ちに安否確認や出社の電話やメールを出すことにしているが,阪神・淡路大震災の時の電話の輻輳状態を考えると,首都圏などでは地震直後に輻輳に見舞われてつながりにくくなるおそれが充分に考えられる。特に電気通信システムを利用した早朝の安否確認をBCPの中で決めて実行しているとすると,逆に輻輳問題が深刻化しかねない。"早い者勝ち"ということも実際問題として起こり得るかもしれない。

　阪神・淡路大震災の時はたまたまお正月だったこともあって,ある会社は会社員の帰省先を登録させておいたため,地震発生後自宅へ電話が通じなくなった際,その帰省先の親族の家へ安否確認したところ,本人から安全だとの連絡が帰省先にかかっていたため安否確認がとれたというレポートを見たことがある。たまたまお正月だったこともあってこういうケースが役立ったということであるが,職員の自宅への通信ができなくなる場合に備え,他の手段を会社としては考えておかねばならないだろう。

　171番（災害用伝言ダイヤル）の利用を代替手段として検討し,実施に移したらよいと思われる。171番を利用して,社員の自宅の電話へ安否確認と出社の可否を連絡しあうことをあらかじめ会社として決めておくのは一つの方法である。首都直下型地震が勤務時間外に起きた場合,都内23区内にある会社の電話が不通になったとした場合でも,社員は近県に自宅がある場合は,社員は一般的には安全

であると考えられるが，会社への出社の可否についての連絡するための利用は必要であろう。

3） インターネットの利用

電話回線は輻輳によってかかりにくくなるが，これは電話がかからない場合はかかるまで何回も何回もかけ直すため輻輳が続くことになるためでもある。インターネットは"かけ直し"という必要はなく，いったん必要事項を入力して送信すれば時間が経てば相手方に到着し，そのことも確認できるシステムであるから，安否確認の補助手段（災害用伝言ダイヤルと併用する）とする他，業務用の取引先との連絡にも使うことは有効である。会社の被災状況の有無，さしあたりの営業活動の報告などを送信しておくことは，会社としての信用をより高め，以後の営業継続がスムースにいくことになるだろう。

第4章 交　　通

大地震の時の鉄道や道路　大地震が起きると当然交通問題が大きな問題となってくる。鉄道は明治以来狭い国土に鉄道網が張りめぐらされ，特に都市部では世界でも有数の鉄道のネットワークが機能している。ある程度の大きさの地震が起きると，鉄道は安全運転を旨としているため，高架橋，盛土などの土木構造物，線路，信号設備，通信設備などの鉄道の設備に被害が生じていないかを点検するまでは運転を停止することになっているし，もし高架になっている部分が壊れたり，土盛り部分が崩れたりしたりすると，復旧するまでの一定期間は運転休止をせざるを得ないこととなる。

特に大都市では，通勤，通学は鉄道に頼っているわが国では，鉄道施設が被災した際の経済活動，日常生活は大きな影響を蒙ることになる。

昭和30年代からの急速なモータリゼーションのため，現在の経済活動は道路交通に依存している。したがって大地震による道路交通への影響は，経済活動にとっても甚大な影響となる。特に最近の大都市では，都市高速道路のほとんどが高架橋とトンネルであり，一般道路でも川を渡る橋や立体交差によって構造物が多数存在しているからこれらの構造物が損壊するおそれがある。また地盤の状態によっては地割れや路面の陥没，崩壊の危険性も考えておかなければならない。

交通マヒ　道路は建物の各敷地に接して必ずあることから，鉄道に比べて路線や延長距離は膨大であり，地震によ

る被害の対象範囲が大きいと言わざるを得ない。しかも阪神・淡路大震災において経験したように,安否確認をするために遠近を問わず,親類,知人等の交通,救命・救急の交通,ライフライン等の被害箇所への点検,復旧のための交通,救援物資輸送の交通,鉄道不通によるバス等の代替輸送等の道路交通量が激増することによる交通マヒが予想されるのである。

阪神・淡路大震災の時は阪神高速道路が倒壊し,その下を走る国道43号も通行できなくなり,東西方向の幹線は国道2号に頼らざるを得なくなったほか,各所で地割れ,陥没,住宅等の建築物の倒壊による道路閉鎖が重なり,神戸市内を中心に各地で交通不能,交通マヒをおこした。国道2号は大阪府との県境から神戸市内へ通常1時間で行くところが,1月17日の午前で7～8時間,午後でも4～5時間もかかるという大渋滞に陥ったのである。

道路交通法および災害対策基本法によって,消防,警察などの緊急車両以外の一般車両の通行を禁止する措置をとったものの,その効果は必ずしも想定したとおりにいかなかった。救命・救急活動やライフラインの早期復旧には,効果的な交通規制が重要になってくる。

帰宅困難者 このように鉄道と道路が大地震によって被災,利用できなくなると通勤,通学に大きな影響がでてくるのである。特に大都市部ではたくさんの人々が会社に通っているから,これらの人々が働いている時間帯に大地震が起き,鉄道が不通になり,道路もこわれたり交通マヒが起きたりすると,代替輸送で帰宅することも難しくなってくるおそれがでてくる。したがって帰宅困難者対策が必要となってくるのである。

この章ではこうした交通問題について,鉄道,道路,交通規制,代替輸送と帰宅困難者対策について述べていくこととする。

第4章 交　　通〔1 鉄道〕

1　鉄　　道

（1）　鉄道事業

　わが国に鉄道事業が始められたのは明治5年（1872年），新橋—横浜間に開通した時からである。明治政府は「文明開化」の旗印のもと西欧近代文明を取り入れたが，鉄道はわが国近代化の象徴の一つであった。国家として全国に鉄道網を敷いていったのであるが，割と知られていないことに災害時等への備えの工夫がなされていた。古来から自然災害に見舞われてきたわが国では，それぞれの地域で台風などの自然災害に弱い場所や強い場所などが古老の言い伝えなどで残されていて，主要な幹線ではその円滑かつ安全な輸送を確保するうえで，最も適切な場所を選んでルートが決定されている。あるいは低地を走行するルートでも盛土によって，周辺が水に浸かっても，線路に被害を及ぼさないようにされていたのである。日本のお城の城壁に，武者返しという設計がとり入れられたことが，城壁の防災に役だっていると言われているが，科学的な知識のなかった人々が考え出した土木の知恵が，近代化にまい進する鉄道事業において取り入れられたと考えられる。

（2）　阪神・淡路大震災前の鉄道の耐震設計

　1891年の濃尾地震を機に建築物の耐震設計の研究が行われるようになり，1923年の関東大震災を機に鉄道工作物についても耐震設計の必要性が叫ばれ，1930年に鉄道省が「橋梁標準設計」を制定以来その後に起きた地震被害を教訓として，地域別の震度，地盤種別などを定めた耐震設計基準が作られてきていた。その基本は震度法といわれるもので，水平震度0.2から0.3程度（通常言われている震度では震度5程度）の地震に対して損傷しないように作るという設計基

準であった。

　1964年に起きた新潟地震によって，鉄筋コンクリート建物の転倒や落橋という被害が地盤の液状化によって起きて以来，基準の修正をしたことによって地震による大きな被害を鉄道構造物は受けていなかったこともあり，地震によって大きな被害は起こり得ないと考えられていた。

（3） 阪神・淡路大震災の被害状況　● ● ●
1） 被害の概要

　阪神・淡路大震災によって鉄道施設も大きな被害を受けた。鉄道の被災は，西は明石から東は高槻にまで及んだのである。阪神間にはJR新幹線，JR在来線，阪急電鉄，阪神電鉄が走っており，その他神戸電鉄，山陽電鉄，地下鉄，新交通などの鉄道が被災したのである。

　不幸中の幸いであったことは，早朝の5時46分に地震が起きたため，始発電車が走り始めた頃であったため，乗客の死者が出なかったことであった。

　○駅舎

　　　8カ所の駅舎が崩壊したり，著しい損傷を受け，特にJR新長田駅，三宮駅，六甲道駅，芦屋駅での被害が大きかった。

　○橋梁

　　　橋梁の被害が多く，山陽新幹線で8カ所，在来線と新交通システムで24カ所，計32カ所で落橋。また桁のずれなど多数の損傷を蒙った。

　　　高架橋の柱の部分の損傷により多数が崩壊した。

　○盛土や土留壁

　　　明治，大正時代に建設された盛土，土留壁も大きな被害を受けた。

　○トンネル

従来から安全と考えられていたトンネルも被害を受けた。

2） 鉄道の不通

地震の発生によって鉄道施設が被災し，使用不能に陥ったものは当然としても，安全運転の点検をする必要もあり，直後は不通区間は約640kmとなった。2日後には約半分になったが，復旧作業はその後被災の程度の大きいところでは長期にわたることになる。

被災した鉄道の復旧が完了した日を表4-1に示す。

表4-1　鉄道の復旧

鉄　　道	復旧完了日
JR山陽新幹線	H7. 4. 8
JR東海道・山陽線	H7. 4. 1
阪急電鉄	H7. 6. 12
阪神電鉄	H7. 6. 26
神戸電鉄	H7. 6. 22
山陽電鉄	H7. 6. 18
神戸市営地下鉄	H7. 3. 31
神戸新交通	H7. 8. 23
神戸高速鉄道	H7. 8. 13

＊「阪神・淡路大震災の復旧・復興の状況について」兵庫県（平成22年12月）より作成

3） 代替輸送

①　代替バス

阪神間はJR，阪急，阪神の3本の鉄道が1日45万人，ピーク時は1時間あたり12万人の乗客を運んでいたが，この三線の不通は阪神間の鉄道輸送をマヒさせることとなった。

このため，鉄道不通区間を代替バスで輸送することとなった。被災一週間後，国道2号線が通行可能となったことを受けて，JR，阪急，阪神の西宮の駅から神戸市内への代替バ

スの運行を開始したが，当初は交通渋滞が激しく2時間とか3〜4時間かかるという状況だった。

その後鉄道の不通区間も徐々に減少していき，代替バスルートも区間を短縮して実施され，4月1日に東海道線が全通したことを受けて代替バスも打ち切られたが，75日間にわたって約715万人の乗客を輸送し，震災時の輸送対策としては欠かせないものであることが改めて認識された。

6月下旬に阪急，阪神も全通して，これで阪神間の鉄道が震災前に戻ったのであった。

② **他の迂回ルート**

(i) 鉄　　道

一方バスの代替輸送によらず，鉄道による迂回ルートも使われた。

神戸市内へは尼崎から福知山線で三田へ出て，そこから神戸電鉄で六甲トンネルを越えるルート，加古川以西へは同じく尼崎から福知山線加古川駅を使うルートである。

(ii) 空路，海路

山陽新幹線や山陽本線を利用して神戸市などの被災地を通っての長距離旅客輸送に関しては，4月8日に山陽新幹線が開通するまでは空路と航路のルートが臨時に設けられた。空路については，羽田―岡山便，伊丹―岡山便，伊丹―広島便などの臨時便を大幅に増発し，航路については臨時に11の航路が設けられ，既設の航路も寄港地を変更する措置がとられたのであった。なかでも関西空港からジェットホイールでポートアイランドの仮設桟橋に運び，特に東京からの緊急用務の輸送に有効に機能した。

なお，被災直後の救命・救急，緊急物資輸送のために，緊急自動車以外の通行を禁止したり制限したりする交通規制については，3．交通規制のところで詳しく述べる。

その他4月8日に山陽新幹線が開通するまでは,臨時の航空便の増発による空路の利用を図ったほか,旅客船,フェリーの航路も11新設して輸送を担わせたほか,神戸へは関西空港からポートアイランドへのルートも開設して対応したのであった。

(4) 耐震基準の見直し──耐震強化からシステム防災へ ● ● ●
1) 緊急耐震補強──鉄道局長通達

阪神・淡路大震災で山陽新幹線や阪急・阪神電鉄の高架橋の崩壊,神戸高速鉄道の駅の陥没等の被害の甚大さを受けて,運輸省に「鉄道施設耐震構造検討委員会」が地震直後に設置されて精力的な検討がなされ,同年7月の第6回の委員会において「既存の鉄道構造物に係る耐震補強の緊急措置について」がまとめられ,直ちに鉄道局長から当面の措置についての通達が出された。その要点は次のとおりである。

① 新たな耐震設計手法が確立するまでの当面の措置として,大規模な地震に対しても構造物が崩壊しないことを目標の基本とすること

② 阪神・淡路大震災の被害の特徴だった,せん断破壊をおこして,高架橋の柱や開削トンネルの中柱が破壊され,落橋やトンネル駅の崩壊をもたらしたことから,
　(i) ラーメン高架橋及びラーメン橋台 (注12)
　(ii) 開削トンネル
　(iii) 橋梁・高架橋の落橋防止工
を対象として実施すること

③ 実施期間は,

(注12) ラーメンとは,柱と梁を一体として結合した構造のことで,新幹線や高速道路でよく見受けられる。

新幹線は概ね3年間
　　在来線は概ね5年間
とされた。

　この緊急措置は，新たな耐震設計手法が確立されるまでの当面の措置とされていたが，実際には新しい設計手法についても議論が進んでいて，その基本は大地震によっても構造物の崩壊はないようにすることは専門家の間でまとまっており，被災した高架橋などの復旧についての特別仕様が作られ，それに基づいて補強が実施に移された。その特別仕様は3年後に制定された新しい設計手法と同様であった。

　この緊急耐震補強が5年たって一定の促進が図られたことを受け，平成13年6月に引き続き耐震補強を促進するための指針の鉄道局長通達が出された。その要旨は次のとおりである。
　① 対象構造物
　　(i) 緊急耐震補強の対象となっているもののうち，高架下を利用している等の理由で未了となっている補強が必要な構造物
　　(ii) 橋梁の柱で大規模な地震の発生時に著しい損傷が想定される構造物
　② 対象線区
　　原則として東京圏，東海圏，近畿・山陽圏及び仙台地域にある新幹線及び在来線などの輸送量の多い線区
　　この通達では実施期間が定められておらず，各事業者の判断に委ねられた形になっている。

2） 鉄道構造物等設計標準（耐震設計）

　阪神・淡路大震災による鉄道施設の被害を受け，前述した運輸省に設置された「鉄道施設耐震構造検討委員会」において精力的な調査・検討が行われ，1998年に「鉄道構造物等設計標準（耐震設計）」がまとめられ，以後この標準に拠って新たな構造物の建設とそれ以

前の構造物の耐震補強が進められていくことになる。

新たな設計標準の特徴は2つある。第1は「2段階設計法」であり，第2が「性能評価型設計法」である。

イ．2段階設計法

これを簡単に分かりやすく説明すると，

まず地震のレベルをレベル1とレベル2に分けて考える。

レベル1は，概ね震度5以下の地震

レベル2は，震度6以上の地震

従来の標準設計では，レベル1を前提にしていたが，阪神・淡路大震災の経験からレベル2を追加している。そしてこのレベル1とレベル2の地震に対して2段階の設計法によって鉄道構造物の耐震性能を定めようとすることとしたのである。

ロ．性能評価型設計法

レベル1とレベル2の地震に対して，構造物の耐震性能に着目して地震後の復旧性の観点から設計基準を決めようとする考え方である。

即ち，

ⅰ) レベル1の地震に対しては，損傷はせず，補修をすることなく性能が維持できるなど鉄道の運行に支障がないようにしておく（耐震性能Ⅰ）

ⅱ) レベル2の地震に対しては，崩壊はしないが損傷を受けるものの補修をすることによって，早期に機能が回復できる性能（耐震性能Ⅱ）と，構造物全体が崩壊しない性能（耐震性能Ⅲ）とに分けて，性能を確保しようとする考え方である。これを図示したのが図4-1である。

3) 軌道，車両対策（脱線防止）——鉄道システム全体で列車走行の安全確保

2004年の新潟中越地震の際，上越新幹線が脱線をしたが幸い被害

図4-1 鉄道構造物等設計標準

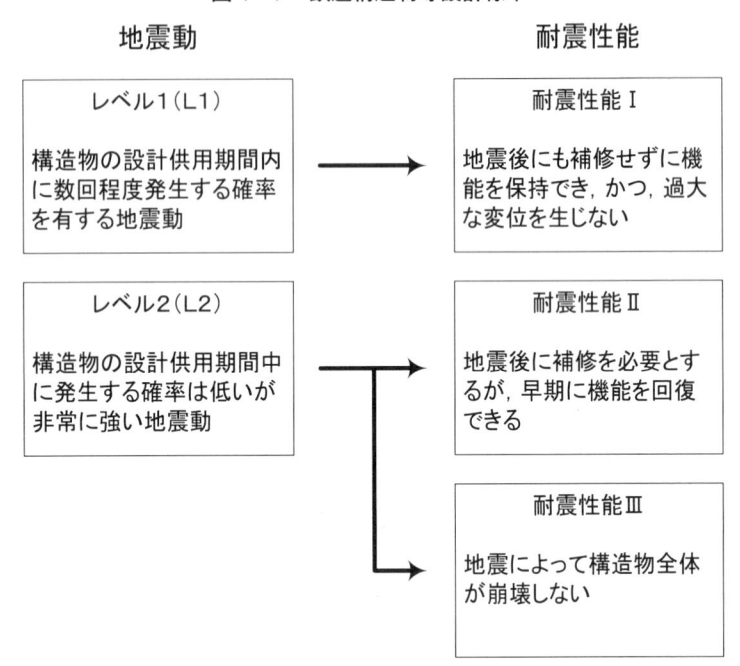

地震動

レベル1（L1）

構造物の設計供用期間内に数回程度発生する確率を有する地震動

レベル2（L2）

構造物の設計供用期間中に発生する確率は低いが非常に強い地震動

耐震性能

耐震性能Ⅰ

地震後にも補修せずに機能を保持でき、かつ、過大な変位を生じない

耐震性能Ⅱ

地震後に補修を必要とするが、早期に機能を回復できる

耐震性能Ⅲ

地震によって構造物全体が崩壊しない

拡大に至らなかった。これを受けて2006年には鉄道構造物等設計標準（変位制限）がまとめられ、少なくとも地震動レベル1に対して、脱線防止対策の基準がまとめられた。

4）早期地震警報システム

鉄道総合技術研究所では国鉄時代から早期地震警報システムを開発してきた。これは地震の主要動（S波）が到達する前の初動（P波（注13））の段階で列車の運転を自動的に停止させる装置で、その精度の向上を進めて現在では、最新の早期地震警報システムが新幹線に採用されている。

また，JR在来線や一部の民鉄については気象庁の緊急地震速報を用いた早期地震警報システムが鉄道総研から提案されており，JR在来線などで運用されている。

(5) 東京圏を中心とする鉄道の地震対策 ● ● ●

阪神・淡路大震災の最大の被災地だった神戸市での鉄道はJR新幹線，山陽本線，阪急電鉄，阪神電鉄，市営地下鉄が主な鉄道であった。

しかし東京となると鉄道の数は神戸の比ではない。JRも新幹線，東海道線，中央線，京浜東北線，山手線，横須賀線，総武線，常磐線，京葉線等が走っているほか，民鉄も東急，小田急，京王，京成，京浜急行，西武，東武，つくばエクスプレスがあり，地下鉄も東京メトロと都営があって民鉄，JRと乗り入れをしているほか，都電，東京モノレール，日暮里・舎人ライナーが走っている。ライフラインや通信関係の事業が基本的には単一の事業主体が広域的に事業を実施しているのと異なり，鉄道事業は多数の事業主体によって運営されているため，ここではJRと民鉄で輸送能力の最大の東急電鉄について述べることとする。

鉄道は1カ所が被災すると被災箇所の復旧が終わるまではその路線がとまってしまうおそれがある。ライフラインの場合は特に重要な幹線については，仮に被災しても代替ルートに切り替えるシステムを持っているのと異なり，鉄道の場合は折り返し運転ができない区間では代替手段は他の事業主体に頼らざるを得ない状態になっている。また鉄道，特にJRは新幹線をはじめ在来線でも長距離輸送になっているため東京圏から遠方で地震が起こってもその影響を受

(注13) 地震が発生するとP波とS波の地震波が発生する。P波は地震波の第一波（Primary Wave）で，実際に被害を起こすのはその後に来る第二波（Secondary Wave）のS波である。

け，運転の一定期間見合わせをしたり，運転休止にならざるを得ない場合もある。東海地震や三陸沖地震などが起きると東京圏での鉄道利用者に大きな影響を与えることになるので，広域的な地震対策をとらなければならないと言える。

　鉄道事業は多数の乗客を輸送する業務であるから，ライフラインや通信の事業と比べて人の安全を守ることが大きな使命である。また，鉄道事業は土木構造物，建築物，線路，電力施設，信号や電気通信設備，車両，運転技術がいずれも安全にかかわっており，地震が起きた際，安全運転をするために支障がないかを確認するためにも，こうした各種の施設の点検が終わらないと運転再開をすることができないという宿命を持っている。地震によらない原因（例えば人身事故，信号機故障など）で運転の停止をしたり，遅延が起こると通勤や通学や用事でスケジュールにのっとって行動している乗客からクレームがつくことがよくあるが，安全確認が鉄則であるから，これをおろそかにすることは許されない。

　鉄道の施設はきわめて古くから造られてきており，しかも通常の建築物などと違って現に走っている鉄道を止めるわけにはいかないため，高架や盛り土の線路では解体新設がほぼ不可能であることから大地震対策には大変な困難を伴っている。そこで首都圏の輸送の半分を占める JR について述べてみよう。

1) JR

　JR の地震対策としては耐震対策，脱線防止・逸脱防止対策，早期地震警報システム，復旧と代替策，情報提供に分けて考えられるが，以下順に述べることとする。東京圏は JR 東日本が営業しているが，東海道新幹線は JR 東海が営業している。

　JR では従前から地震対策を行ってきたが，阪神・淡路大震災後の鉄道局長通達によって対策を進めてきているほか，独自の対策もあわせて進めてきている。

① 新 幹 線

新幹線は高速運転で大量の人々を長距離間輸送するので，地震を含め安全対策はきわめて重要であり，JR 各社では力を入れて地震対策をしているといえる。

東京圏では東海道新幹線が JR 東海，東北新幹線，上越新幹線，長野新幹線が JR 東日本と分かれていて地震対策には多少の差異があるので，分けて説明することにする。

a) 耐震対策

ⅰ) 東海道新幹線（JR 東海）

構造物の地震対策としては，

1. 高架橋柱耐震補強
   ・せん断破壊先行型対策
   ・曲げ破壊先行型対策
2. 鉄筋コンクリート橋脚耐震補強
3. 盛土耐震補強
4. 落橋防止工
5. トンネル対策

を実施してきている。

ラーメン構造の高架橋柱，単柱の鉄筋コンクリート橋脚のせん断破壊 (注14) 先行型の対策は，高架下が利用されている一部区間を除いて完了している。落橋防止工もほぼ完了し，また盛土についても復旧に長期間を要するような大きな被害を防止する対策を実施しているほか，トンネル対策も完了している。

また，東海地震において強い地震動を受ける地域におい

(注14) せん断破壊—はさみで紙を切ることをせん断という。これは二枚の平行する刃で逆方向に力を加えると切れることをいう。構造物でも地震などによって逆方向に強い力が加わると破壊を起こし，曲げ破壊に比べて構造物が倒壊するなどの大きな被害を引き起こす。

ては，曲げ破壊 (注15) 先行型の柱についても大きな被害が生じる可能性があり，その対策を実施している。高架橋柱については完了し，単柱橋脚については平成20年度から取り組んでいて26年度までに完了させる予定としている。

ⅱ) 東北新幹線，上越新幹線，長野新幹線（JR東日本）
ラーメン高架橋および単独橋

せん断破壊先行型の補強対策は全線で完了。開削トンネルの柱と落橋防止工は南関東，仙台地域などで完了。曲げ破壊先行型の耐震補強対策は，南関東，仙台エリア，活断層近接地域にあって高架下利用のないラーメン高架橋について2009年度から5年計画で取り組んでいる。これらの対策は独自の技術開発によるものも多く利用されている。

b) 脱線防止対策・逸脱防止対策

図4-2　せん断破壊とラーメン高架橋

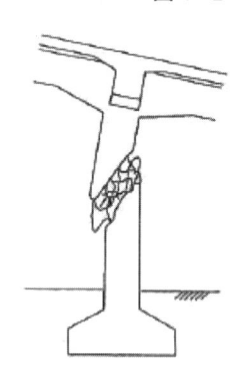

被害イメージ　　　　　　　　被災例

出典：JR東日本

(注15)　曲げ破壊―せん断破壊がおこらない設計にしておくと，大きな地震でも倒壊するなどの大きな被害は起こらないが，構造物に部分的な被害は生じる。

第4章 交　　通〔1 鉄道〕

図4-3　曲げ破壊のラーメン高架橋

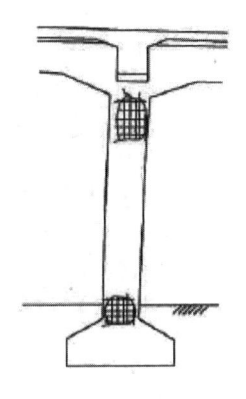

被害イメージ 　　　　　　　被災例

出典：JR東日本

　耐震補強により構造物の崩壊は防ぐことができるが，地震による揺れを防ぐものではないため，列車の脱線を防ぐことはできない。したがって脱線させない，脱線しても逸脱しない対策が重要となる。
ⅰ）JR東海（東海道新幹線）の場合は脱線防止ガードと逸脱防止ストッパの二段構えをとっている。
　・**脱線防止ガード**
　　　レールの内側に平行して取り付ける。東海道新幹線はバラスト（砂利石）の上に敷いているコンクリートのまくらぎに脱線防止ガードを取り付けている。地震によりバラストが流れ出たりして線路に変形が生ずると脱線のおそれがあるので，バラストが流れ出ないような対策も併せて講じられている。脱線防止ガードは，平成24年度までに約140kmについて完成する予定である。
　・**逸脱防止ストッパ**

111

図4-4　脱線防止ガード

出典：JR東海

図4-5　逸脱防止ストッパ

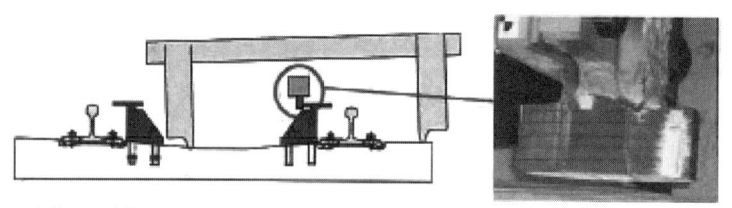

出典：JR東海

図4-6　L型車両ガイド

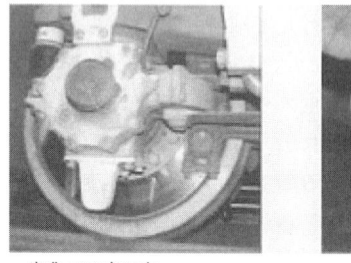

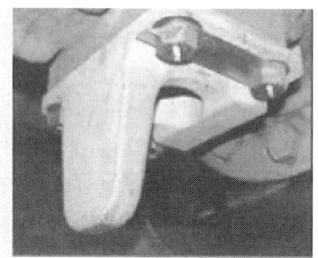

出典：JR東日本

車体の中央に付け脱線しても逸脱しないようにしている。

ⅱ) JR東日本の場合は脱線防止ガイドはレールの枕木に取り付けるのではなく，全車両の車体にL型ガイドを取り付けることによって車両がレールから大きく逸脱することを防止している。

更に車両が脱線した場合，レールとレールの継目部分が破断し，そこから逸脱するのを防止するための改良工事を施工している。

c) 早期地震検知システム

ⅰ) JR東海（東海道新幹線）——早期地震警報システム（テラス）(注16)

21カ所の検知点で地震が起きた際のP波をとらえて，最新の推定方式で新幹線への影響度合を2秒間で判断し，警報を変電所に発信し，そこからの送電を自動的に停止して列車速度を低下させ，脱線，逸脱防止に役立たせようとするシステムが運用されている。

ⅱ) JR東日本——早期地震検知システム

同じようにP波を計測して最新の推定方式で新幹線への影響範囲への送電を停止して，列車へ非常ブレーキをかけるシステムで運用されている。

検知の地震計は沿線や海岸に90カ所，沿線地震計は約13km間隔で75カ所設置されている。

d) 復旧と代替策

鉄道が大地震で被災した場合の復旧は簡単ではない。新幹線は連続する高架橋が多く，構造物としても大規模であるため相当の期間を要する。阪神・淡路大震災の時は81日間，新潟の中越地震の時は

(注16) TERRA-S (Tokaido Shinkansen EaRthquake Rapid Alarm System) の略。TERRAはラテン語で「地球，大地」の意味

66日間かかっているのである。

　前に述べたように，ラーメン高架橋や単独橋脚は倒壊しないように耐震補強されてはいるものの，予想を超える地震が起きるかもしれないし，場合によっては構造物がゆがんだりしてその部分の補修をする必要が出てくる場合もある。そういった場合に備えて東海道新幹線と上越新幹線では各駅で，整備新幹線の東北新幹線，長野新幹線では主要駅で折り返し運転ができるような仕組みになっていて，駅によっては折り返し設備の良否によって輸送力に差が出てくるが，事前の代替策があらかじめ整っている。そして折り返し駅が他の鉄道と連絡できて，かつ，その鉄道が地震後も不通になっていない場合はそれを利用して乗客の輸送が行われると考えてよい。また長距離間の代替策としては，空路や海路があり，また都市内ではバス輸送等があるが，これらの代替策については在来線のところで詳しく説明することとする。

e） 情報提供

　新幹線が部分的にも不通になると，新幹線利用者は運転中止や不通に関して，どの区間で，いつ頃まで，という運転再開情報を知りたくなるのは当然である。東海道新幹線に関してJR東海は，大要次のような情報提供をすることとしている。

　　① 駅の表示と，駅員による振替輸送を含めての説明
　　② 運転指令室から鉄道記者クラブを通してテレビ，新聞へ
　　③ インターネットで公表

　JR東日本については在来線に関するところで説明する。（112頁参照）

② 在来線（JR東日本）

a） 耐震補強対策

　耐震補強対策の基本的考え方は新幹線と同じであり，せん断破壊先行型の対策を最重要として，南関東地域等においてほぼ完了している。ラーメン高架橋を含めて高架下利用がなされている場合，補

強工事によって店舗面積が少なくなるとか一定期間営業を休まなければならないとの難しい課題を抱えながらの補強対策なので，関係者の理解が得られることがポイントになっている。

そして曲げ破壊先行型のうち耐震性の低い柱についても南関東地域などのリスクの多い地域において，2009年度より5カ年計画で工事を実施している。

b) 早期地震警報システム

在来線についても全線区に地震の早期警報システムが導入されている。これは新幹線の早期地震検知システムからの情報と気象庁からの緊急地震速報を管内の運転指令所のサーバを通して，列車無線で緊急停止することとされている。

c) 復旧と代替策

鉄道が被災した時の復旧には相当時間がかかることは前述したとおりであるが，在来線でも折り返し運転が可能な駅では折り返し運転したり，乗り換えによって動いている私鉄の利用をすることとなる。大地震の発生がラッシュ時などの場合は，輸送人員や道路の不通，混雑などの状況によってはバスなどの道路を使う代替策はなかなか利用できないことになると考えておいた方がよいと思われる。

d) 情報提供

地震によって在来線が不通になったり運転中止になったりした時に重要なのは情報提供である。日常の通勤，通学，業務などでの利用者に的確な情報を迅速に提供することが求められるからである。地震や台風などの被害に限らず，鉄道では人身事故，信号故障など様々な原因によって電車の遅延がよく起きている。そのたびに遅延情報が駅や車内で放送され，その遅延が関係する他の鉄道の駅にも情報が流れ，それによって利用者が正常運転に戻るまで待機したり，振替輸送によって経路変更したりしている。したがって情報提供はかなり従前に比べて進んできている。新幹線のところで述べたことをおさらいしておくと，

① 運転指令室から鉄道記者クラブ等を通してテレビ,新聞へ
② インターネットで公表
③ 駅の表示と,駅員による振替輸送を含めての説明

さらに最近は,運行情報を地図表示で示す異常時室内用ディスプレイという50インチの大型の電光表示板を,5万人以上の乗車のある首都圏の主要駅の改札口に設置して,利用者が分かりやすく理解できるように工夫がなされている。

また東京メトロでも駅改札口で運転状況を示すパネルが最近設置されている。

図4-6　異常時室内用パネル画面イメージ

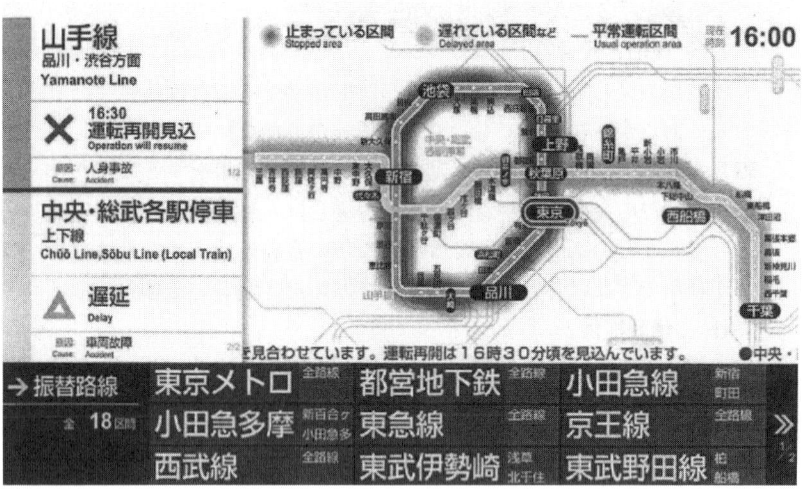

出典:JR東日本

2) 民鉄——東京急行電鉄(東急)

東京圏の鉄道はJRを除いて考えると大手民鉄,地下鉄等多数の鉄道が走っており,それぞれの事業主体によって地震対策にも差があるとされているが,これらを全て取り上げることは紙面の都合上難しいので,代表的な民鉄である東急電鉄について述べることとし

たい。

東急は東京の西南部をエリアとして渋谷から田園都市線と東横線，目黒から目黒線（多摩川から分かれる多摩川線），五反田からの池上線が放射状に，大井町から二子玉川までの大井町線など，105kmの延長を有する都市鉄道であり，1日あたりの輸送人員は約300万人で，大手民鉄でも全国一の規模を誇っている。

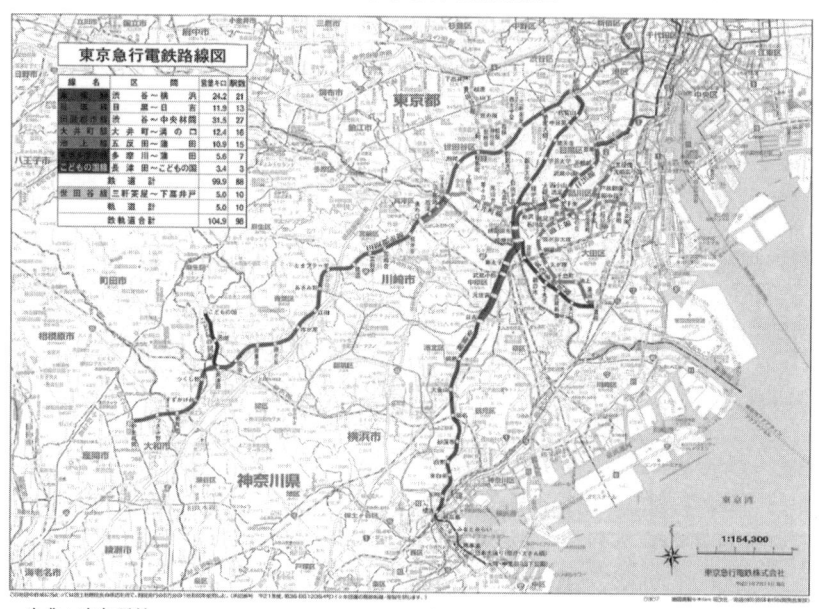

図4-7　東京急行電鉄路線図

出典：東急電鉄

a）耐震補強対策

阪神・淡路大震災直後に出された運輸省鉄道局長通達による緊急耐震補強は前にも述べた如く，阪神・淡路大震災級の地震が起きても崩壊しない壊れ方にとどめるというもので，

① 高架橋についてせん断破壊を起こす柱を補強する。
② 橋梁についてせん断破壊を起こす橋脚を補強し，落橋防止措置を取り付ける。
③ 開削トンネルについてせん断破壊を起こす中柱を補強する。

というものであった。

これを受けて東急としては，

① 高架橋については，前記通達に加えて耐震性能が低い高架橋も補強対象とする。
② 橋梁については，前記通達に加えて橋台(注17)も補強する。そして一級河川，主要道路，鉄道と交差する橋梁を優先する。
③ トンネルの耐震補強については，路線の重要性，災害時の復旧困難性を考慮して，田園都市線を優先し，首都高速道路と一体で造られている所では壁や床も補強する。
④ 鉄道駅について
　・全ての駅について耐震性の確保に努めること
　・1日の平均利用人員が1万人以上の駅で，かつ折り返し設備を有する駅，もしくは乗り換え駅（高架橋または昭和56年以前に設計された建物が対象で東急では5駅が対象）について2010年度を目途に耐震補強を行うことという通達が出されている。

これに対して耐震補強の必要な駅施設等について，列車運行における重要度に応じて順次耐震補強を実施することとしている。

2009年度末の進捗率は以下のとおりとなっている。

(注17)　河川などに架ける橋では両岸に造るコンクリート構造物を橋台という。

第4章 交　通〔1 鉄道〕

表4-2　耐震補強進捗状況（進捗率）

高架橋（柱）		66%
橋梁		33%
トンネル	首都高速道路一体部	99%
	田園都市線一般部	41%
駅施設等		34%

＊東急電鉄資料より作成（2009年度末現在）

b）　早期地震警報システム

東急では全線に早期地震警報システムを導入している。地震の初期におこるP波を観測して，その後におこる大きな揺れのS波の規模と到達時間を事前に知らせる気象庁の「緊急地震速報」を受信して，震度4以上の地震が予想される場合，運輸指令所から一斉に通報して，運転士が警報音と地震情報メッセージを受けてブレーキをかけて緊急停止をするというもの。震度4，5弱，5強以上では緊急停止後の運転再開の仕方に差が出るが，**震度5強**の場合は全ての構造物の安全確認をしてからでないと運行開始はされない。この安全確認は全線を歩いて点検するので**8～13時間**を要することとなる。

いずれにしても震度5強を超える地震が起きた場合は，この程度の時間は鉄道の安全輸送という使命の下では受忍せざるを得ないと考えておくべきであろう。

c）　情報提供

列車の運行情報は運輸指令室から駅のLED表示板，ケーブルテレビ番組，ホームページへすぐ配信されるシステムができているほか，携帯電話もあらかじめ登録しておけば自動的に配信されることになっている。日常東急を利用している乗客はいざという時には，外出していてどこでも運行情報を手に入れられるようになっている。

2　道　　路

（1）　阪神・淡路大震災前の道路の耐震設計　● ● ●

　阪神・淡路大震災以前の道路の耐震基準については，道路橋（高架道路を含む）は道路橋示方書（耐震設計編）によることとされてきていた。当時その道路橋示方書（耐震設計編）は平成2年版が最新のものであって，それまでにも何回か耐震基準の改正がそのつど行われてきたものであった。

　その基本的考え方は，中規模程度の地震では橋の健全性が損なわれないこととし，関東大震災のような大規模地震がおきても落橋などが生じないことを目標として作られていた。示方書自体はきわめて専門的技術的基準が詳細に記載されているのでここでは詳しく述べないが，既往の地震の経験によって地域別，地盤別などで補正すること，高速自動車国道，国道，都道府県道，重要な市町村道とそれ以外の道路といった橋の重要度別によっても補正して設計することとされていた。

（2）　阪神・淡路大震災の被害状況　● ● ●

　神戸市の中心市街地は六甲山と瀬戸内海にはさまれた5～10kmの細長い帯状の市街地である。この市街地に幹線道路が阪神高速道路神戸線と湾岸線，国道2号，国道43号が走っていて，この阪神間の幹線道路は平常時の1日交通量は阪神高速道路神戸線が11.5万台，同湾岸線が3万台（24時間），国道2号3万台，同43号6.5万台（12時間）であり，特に大阪方面に近い神戸市東灘区と灘区では震災前に毎日30万台の交通量があったが，阪神高速が4割，国道43号が3割を占め，全体の交通量の7割をさばいていたのである。

　しかしこの阪神高速道路神戸線，特に東灘区の深江地区で635m

にわたって橋脚が17基も倒壊したほか,その他の地区でも落橋がおきる等大きな被害を受けた。その他の道路の被害も甚大であったが,全てを詳述すると誌面がとても足らないので神戸市を中心として主要な被害について概観しておく。

1) **阪神高速道路**

  図4-8　阪神高速道路3号線深江地区の被害直後と復旧後

（写真提供　阪神高速道路㈱）

① 3号神戸線

大阪府との境に近い武庫川と神戸市の西側の月見山との間（27km）で

橋脚1,030基のうち310基

橋桁1,126径間のうち183径間

が大きな損傷

② 5号湾岸線

1径間が落橋

六甲アイランド大橋の主桁が3m横ずれ

2) **国道（建設省管理）**

① 国道2号

部分的被害は出たものの大きな被害はなかった。

② 国道43号

国道43号の上に高架の阪神高速道路がのっていて,これが大きな損壊,損傷をおこしたため通行ができるような状態にはな

らなかった。

3） 神戸市管理道路 (注18)

神戸市の管理する道路の被害は橋梁の被災，擁壁の被災，路面陥没など多岐にわたったが，その被害状況は次のとおりである。

表4-3 神戸市管理道の被害状況

種別	箇所数	被災延長（m）
国道	16	3,669
県道	111	30,374
市道	907	657,146
合計	1,034	691,189

出典：「阪神・淡路大震災神戸復興誌」平成12年1月19日　神戸市

（3） 耐震基準の見直し ● ● ●

阪神・淡路大震災によって，阪神高速道路の高架橋脚が，深江地区で635mにわたって倒壊したのをはじめとして，高架橋や道路橋が落橋したり損傷したことは道路関係者に深刻な打撃を与えた。1989年10月17日，サンフランシスコで起きたマグニチュード6.9のロマプリータ地震で道路橋が落橋した際，日本の高速道路は厳しい耐震基準で造られているので，この程度の地震では大丈夫と言われていたからである。

地震直後の1月20日には「兵庫県南部地震 (注19) 道路橋震災対策委員会」が設置され，被災原因の究明と今後の耐震設計で検討すべ

(注18)　神戸市管理道路……道路法第17条の規定によって国道で指定区間（指定区間は国が管理）外の部分および都道府県道は神戸市のような指定市の区域内にあるものは，神戸市が道路管理者となることを定められている。
(注19)　阪神・淡路大震災は被災当初は気象庁の地震情報から兵庫県南部地震という名称が使用されていたが，2月14日以降阪神・淡路大震災と変更された。

きとの議論がスタートし、2月27日には建設省から「兵庫県南部地震により被災した道路橋の復旧に係る仕様（復旧仕様）」が関係機関に通知され、さらに今後新設される道路橋梁や既設橋梁の補強について復旧仕様を参考にするよう通知がなされた。そして上記委員会は同年12月に最終報告をとりまとめられ、こうした調査、検討を経て「道路橋示方書　Ｖ耐震設計編」が改訂され、平成8年11月に建設省から通達されたのである。

　さらにその後、平成14年3月に改訂が行われた。道路橋示方書は地震動の種類と橋の重要度とによって耐震性能を決めて設計をすることとされているが、きわめて専門的、技術的に規定されている。

（4）　首都直下型の場合　● 　● 　●

　首都東京は日本の政治・経済の中心であり、国際都市でもあるから、その交通量は神戸の比ではない。道路交通も首都高速道路がネットワークとして神奈川、千葉、埼玉まで伸び、放射道路として東京都心から1号（第二京浜）、4号（日光街道）、6号（水戸街道）14号（千葉街道）、15号（第一京浜）、17号（中山道）、20号（甲州街道）246号（厚木街道）、254号（川越街道）が走り、環状道路として都道の環状一号線〜環状八号線までの道路、16号と298号、東京湾岸道路に357号が国道として幹線道路網を構成し、その他都道、区道、市町村道がたくさん造られている。したがってこれらの道路が地震によって大きな被害を受けると、首都として、ひいては日本全体として、交通マヒとそれによって引き起こされる経済活動、日常生活に大打撃を与えることになる。

　そうした意味において、幹線道路が大地震が起きても損壊しないことはきわめて重要である。あらゆる建築物の敷地は道路に面していなければならないとされているから、道路の数は無数にあるが、ここでは通過交通の多い幹線道路のうち、特に重要な首都高速道路、国道について述べることとする。

(5) 首都高速道路 ● ● ●

　首都高速道路（以下「首都高」と略称する）は，延長300kmを有する首都を代表する自動車専用道路であり，一日約112万台，約200万人の人々が利用している。また常時約2万2,000台の車が首都高を走行していて，最も多い時は約3万5,000台，4～5万人が首都高の上を走っている。

　また首都高の特徴は平面道路ではなく大部分が高架道路である。すなわち高架構造が全延長の約8割を占め，高架橋構造を支える柱（橋脚）が約9,000基ある。それに加えて照明設備，案内標識，情報板，それを支える電源設備，トンネル内の排煙，料金所のＩＴ化等の施設が交通を支えているため，地震等の災害が発生して，これらの構造や施設が機能不全に陥ることは，とりもなおさず交通の流れを止めることになるのである。

　さらに首都高は，災害時には一般車両の通行を禁止して，災害応急対策とか生活関連物資の輸送をする緊急輸送道路に指定されている。したがって首都高は，大地震によっても倒壊せず，機能回復がすみやかに行われることが大切である。特に阪神・淡路大震災によって倒壊した阪神高速道路の教訓を生かすことが求められている。

表4－4　道路橋の耐震対策の基本（目標とする橋の耐震性能）

設計で考慮する地震動		高速道路
レベル1地震動 （発生する確率が高い地震動）		健全性を損なわない
レベル2地震動 （大きな強度を持つ地震動）	タイプⅠ 関東大震災のようなプレート境界型 タイプⅡ 阪神・淡路大震災のような内陸直下型	地震による損傷が限定的にとどまり，橋としての機能の回復が速やかに行い得る

出典：「首都高速道路の耐震対策」平成22年10月13日　首都高速道路

第4章 交　通〔2 道 路〕

　首都高の道路橋の耐震化の性能目標は表4-4のとおりであり，阪神・淡路大震災後の土木構造物の耐震基準に沿ったものである。

　問題となるのは，既往の基準で造られた構造物の補強である。大別すると次のような耐震補強が阪神・淡路大震災後実施されてきた。

① 橋脚の補強

（写真提供　首都高速道路㈱）

② 支承及び桁連結装置の強化

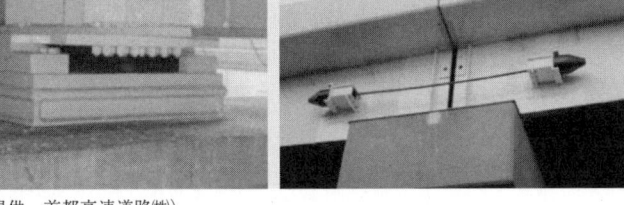

（写真提供　首都高速道路㈱）

③　基礎地盤の強化
④　長大橋やトンネルの強化

これを少し簡単に説明することとする。

1）　橋脚の補強

橋脚にはコンクリート橋脚と鋼製橋脚があるが，

- コンクリート橋脚は鋼板巻き立てという鋼板を既往の柱に張っていく工法等によって約5,100基を，
- 鋼製橋脚は，橋脚の中に鋼製の補強材等を縦横に追加して補強する方法で約2,100基

を平成7年度から10年度までに完成させている。

2）　支承および桁連結装置の強化

　橋脚と橋脚の間には路面を含む橋梁の上部構造といわれる桁が載っているが，この桁を支えている装置を支承という。阪神・淡路大震災の際はその支承が壊れて落橋したものがあったが，積層ゴムを使用した支承は壊れなかったという経験から，首都高においても約4万4,000個の支承に対して積層ゴムを使用した支承に取り替える工事を平成8年度から実施し，平成24年度に完成する予定である。

　また，桁と桁をつなぎとめる新型の桁連結装置なども設置して，落橋の防止を図ることとしている。

3）　基礎地盤の強化

　阪神・淡路大震災において臨海部では地震による液状化[注20]によって阪神高速道路が被害を受けたことを考慮して，臨海部で液状化などの地盤が流動化するおそれのある場所では，大地震の際に橋脚周辺の地盤が流動しないよう護岸と橋脚の間に防護のための鋼管矢板を設置することとし，平成9～11年度にわたって実施している（図4-9）。

(注20)　液状化とは，埋立地や河口の近くで砂まじりの土の地盤で地下水位が上がっている場合，地震が起きて地盤が揺らされると水がふき上がって地盤がゆるみ，舗装が割れたり構造物が壊れたりする現象をいう。

第4章 交　通〔2 道路〕

図4-9　基礎構造の地盤流動化対策
（臨海部において地盤の流動化が生じる可能性のある基礎耐震対策として鋼管矢板壁を施工（7カ所））

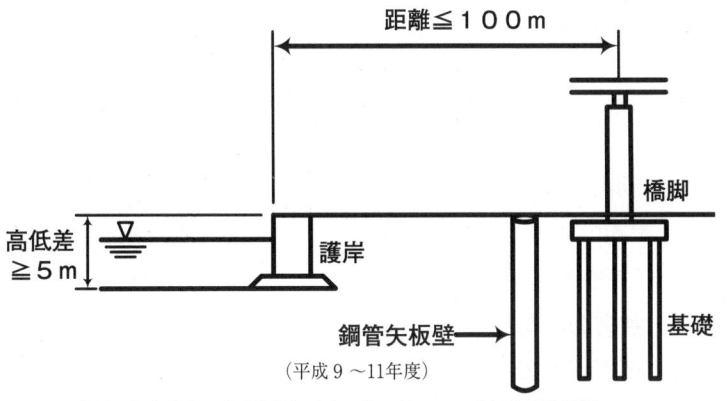

（平成9～11年度）

出典：「首都高速道路の耐震対策」平成22年10月13日　首都高速道路㈱

4）　長大橋やトンネルの補強

　横浜ベイブリッジやレインボーブリッジなどの長大橋も基本的には建設時に耐震対策は十分実施されているのであるが，念には念を入れる意味で桁などの補強も追加して実施しているほか，トンネルについても中壁等の補強を実施している。

5）　地震時の対応方針

　以上のように様々な耐震補強を実施しているが，大地震がおきた時には何がおこるか分からないことを考慮に入れて，地震発生の時の首都高速道路㈱の対応方針が次のように決められている（図4-10，図4-11，表4-5，表4-6）。

図4-10　地震発生後の業務の流れ

```
地震発生
   ↓
気象庁発表地震情報
   ↓
┌─────────┐    ┌─────────┐    ┌─────────┐
│ 初期点検 │ ▷ │ 詳細点検 │ ▷ │ 応急対策 │
│緊急応急業者│    │緊急応急業者│    │緊急応急業者│
│          │    │協定締結会社│    │協定締結会社│
└─────────┘    └─────────┘    └─────────┘
  自動出動      異常有    補強有
                          補修有
```

・被害の有無　　・被害の詳細調査　・2次災害の防止
・被害状況の把握　＊協定締結会社：41社　・仮復旧

出典：「首都高速道路の耐震対策」平成22年10月13日　首都高速道路㈱

図4-11　地震直後の点検（自動出動）

◆**巡回点検**
　パトロールカーからの目視
　　高速上：交通パトロールカー
　　高架下：緊急応急業者のパトロールカー

◆**重点構造物点検**
　パトロールカー等で近くまで行き，徒歩等で目視
　　長大橋，長大トンネルなど特殊構造物，
　　鉄道交差部など

◆**点検ルート**
　担当区分別に，あらかじめ点検ルートを定め点検する

出典：「首都高速道路の耐震対策」平成22年10月13日　首都高速道路㈱

第4章 交　通〔2 道路〕

表4-5　点検体制と組織体制（1）

震度	点検体制	組織体制
震度4	・交通巡回車両による事故・路面状況等の点検	【連絡体制】 ・本社（宿日直） ・管理局（関係課長等）
	・交通管制機器による情報収集	（関係課長等）
震度5弱	・構造物，施設，仮設物の初期点検，必要に応じて詳細点検	【警戒体制】 ・本社（関係部長等＋宿日直） ・管理局（関係課長等）

出典：「首都高速道路の耐震対策」平成22年10月13日　首都高速道路㈱

表4-6　点検体制と組織体制（2）

震度等	点検体制	組織体制
・**震度5強** ・被害が確認され通行止めの必要があるとき ・東海地震注意情報発令	・地震発生後，直ちに入口閉鎖・通行止 ・交通巡回車両による事故・路面状況等の点検 ・交通管制機器による情報収集	【緊急体制】 緊急災害対策本部設置 ・本社（社長，関係役員・部長等＋宿日直） ・管理局（局長，担当部長，課長等）
・**震度6弱以上** ・甚大な被害が確認され長時間通行止めの必要があるとき ・東海地震警戒宣言発令	・構造物，施設，仮設物の初期点検・詳細点検 ・地震警戒宣言発令後，速度規制	【非常体制】 非常災害対策本部設置 ・本社（社長，全役員・部長等＋宿日直）＋全社員 ・管理局（局長，担当部長，課長等）＋全社員

出典：「首都高速道路の耐震対策」平成22年10月13日　首都高速道路㈱

（6） 直轄国道 ● ● ●

　わが国の国道は日本橋を基点として全国に国道網が張りめぐらされているが，なかでも東京では東京都心から1号（第二京浜），4号（日光街道），6号（水戸街道），14号（千葉街道），15号（第一京浜），17号（中山道），20号（甲州街道），246号（厚木街道），254号（川越街道）が放射線状に伸び，環状線として16号，298号，東京湾岸に357号と12路線を国が直轄 (注21) して管理している。

1） 橋梁の耐震補強

　国道の場合は大半が平面道路である点は，ほぼ全体が高架道路の首都高速道路とは，沿道利用者との関係とか占用物件の多さ等で管理の仕方が異なっているが，耐震対策という面では当然共通の課題を背負っている。すなわち，河川を渡る橋梁，鉄道や他の道路を渡る橋梁も数多く存在し，また市街地の中心部から離れた地域では，盛土した法面や山地の傾斜している場所などの斜面の崩落を防止しなければならない箇所もある。

　ここでは特に橋梁についての耐震補強について述べることとする。道路橋示方書は新設の橋梁について確保すべき耐震性を規定しているのであるが，この考え方は既設の橋梁も基本的には同様である。しかし全ての既設橋について一度に実施することはなかなか困難である。すなわち，橋によって設計に適用した技術基準や橋の構造・地盤等が異なるため，一橋ごとに造った時の設計計算書等から構造計算をし直して新しい耐震基準に照らして耐震補強が必要かを照査し，古い橋など場合によっては，設計通りに施工されているかを現場でコンクリートの一部の微破壊検査などをする必要があり，時間と労力と費用がきわめて大きいからである。

　したがって阪神・淡路大震災等での橋梁の被災経験に基づき，こ

(注21)　国道の管理は政令で指定された区間は国が直轄して管理し，これを直轄国道というが，指定区間でない国道は都道府県または指定都市が行うこととされている。

れと同程度の地震動に対しても橋脚が大きく損傷したり，崩れたり，桁が落下したりして長期間道路が使用できなくなることを防ぐため，昭和55年道路橋示方書よりも古い基準を適用した橋梁のうち，過去の地震で被災の多かった構造の橋梁等について，優先的に緊急補強を行ってきている。すなわち，

① 阪神・淡路大震災ではコンクリートで造った橋脚の段落し部（注22）が地震で損壊したことから，この部分の周囲を鋼板，鉄筋コンクリートあるいは繊維材で覆い（これを巻立てという），補強すること（巻立て工法）

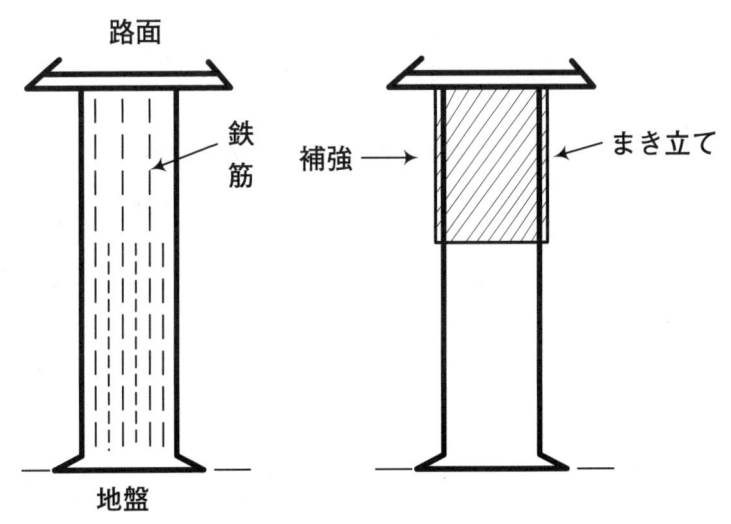

図4-12 段落し構造（左）とその補強

（注22） 橋脚の中にある鉛直方向の鉄筋の本数が変化する部分を段落し部といい，阪神・淡路大震災ではこの部分が損壊した。従来の基準では橋棚の中の鉄筋を全て同じ本数入れず，上の部分に入れていなかった。これを段落しという。しかしこの構造の橋が大きく損壊したので，鉄筋の入っていない上部を巻立てして損壊しないようにした。

図4-13　兵庫県南部地震における単柱橋脚段落し部の破壊

出典:「道路震災対策便覧（震前対策編）平成18年度改訂版」平成18年9月㈳日本道路協会

図4-14　一般的な橋梁における緊急対策工法の事例

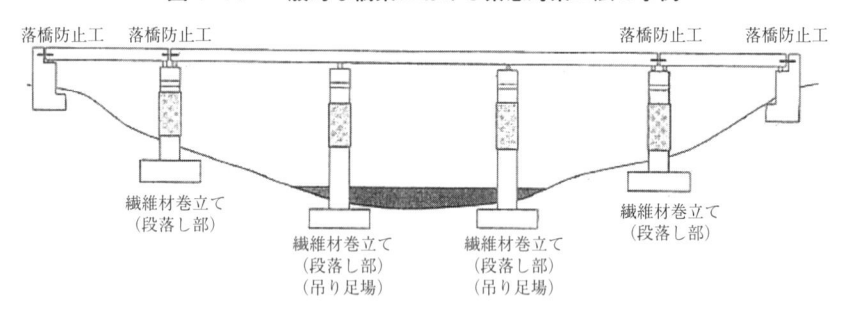

落橋防止工　落橋防止工　　　　　　　　　　　　　　　　　　　　　落橋防止工　落橋防止工

繊維材巻立て
(段落し部)

繊維材巻立て
(段落し部)
(吊り足場)

繊維材巻立て
(段落し部)
(吊り足場)

繊維材巻立て
(段落し部)

出典:「緊急輸送道路の橋梁耐震補強3箇年プログラム」耐震補強マニュアル(案)参考資料
平成17年6月国土交通省道路局，都市・地域整備局通知

② 橋台や橋脚の上にのっている路面のある桁が落橋しないように，仮に地震の揺れによって桁が動いても落下しないように支える装置を施すこと（落橋防止工）である。この緊急耐震補強をすべき橋梁(注23)は，都内では65橋あるが現在まで62橋が工事を完了し，残りの3橋も現在工事中である。

2） 地震時の対応方針

首都直下地震が起きた時の対応は国土交通省の業務継続計画（BCP）の方針に沿って実施することとされていて，この方針に従って対策が進められていくこととなる。

方　　　　針	復旧目標
広域支援部隊（警察，消防，自衛隊等）の進出のための緊急輸送ルートの供用	1日以内
緊急輸送道路の一部供用	3日以内

東京を含む関東地方（長野県内の一部と山梨県内を含む）の直轄国道の震災対策は，さいたま新都心にある国土交通省関東地方整備局が，管内の国道事務所を指揮して実施される。

震度4以上の地震が管内で発生した場合，道路の被災状況や通行の可否を把握するための緊急点検を速やかに実施する。これには事務所職員の他，常時維持管理を実施している地域の道路維持業者とあらかじめ締結してある請負契約に基づいて実施される。そして何らかの異常を見つけた場合は，さらに詳細な点検を行い，安全を確認する。夜間に地震が発生した場合も緊急点検は速やかに行うが，法面の状態とか橋梁の詳細点検は，可能な範囲内において実施するが，目視不可能な場合は，翌朝速やかに行うこととしている。

(注23)　「緊急輸送道路の橋梁耐震補強3箇年プログラム」平成17年6月国土交通省道路局，都市・地域整備局通知の対象橋梁を指す。

点検によって応急復旧が必要な場合は直ちにそこの担当の事務所が復旧にあたり，また，事務所では，地元建設業者と災害協定を締結し，被害の拡大防止と被災施設の早期復旧に対応している。東京23区内で震度6弱以上の地震の場合，各事務所は自動的に通常の管轄区間を超えて，あらかじめ決められた区間を都心に向けて，点検，応急復旧することとしている。さらに，隣接する地方整備局（東北・北陸・中部）からも応援に駆け付ける体制がとられている。これにより緊急通行車両の通行機能を確保することとしている。

3）　大地震時の交通情報──2008年（平成20年）首都高速5号池袋線タンクローリー火災事故の経験から

　首都直下地震の場合，緊急交通路があらかじめ指定されていて（図4-17，144頁参照）一般車両は通行が禁止され，救急車，消防車，パトカー，復旧工事用車両，緊急物資輸送車等の緊急通行車両が通行できるように決められている。

　さらにそれに加えて図4-17で見られるように，多摩川，国道246号（玉川通り）および環状7号線を結んだ内側の区域が全域一般車両の通行止めが実施されることとなっている。この一般車両の通行禁止期間がどの程度になるかは，実際に地震が起きた状況によって変わってくると思われる。しかし実際問題として，緊急交通路の路線の指定ばかりでなく，広い地域全体の通行止めをすることは，緊急輸送道路の機能を果たさせるためには有効であることはもちろんであるが，自動車による経済活動や個人の生活には大きな支障となり，効果的な実効には大変困難を伴うのではないかと考えられる。しかし，一方ではそうした規制が仮に解除された場合でも，あちこちで道路が通行不能となったり，鉄道の運行停止などによっても，道路の利用者が当然増えてくることが予想される。

　中央防災会議の「首都直下地震避難者対策専門調査会」が平成20年10月に発表した報告によると最大で650万人の帰宅困難者が発生

し，都心部などではラッシュアワーの満員状態のような混雑状態が道路上で起こることを推定している。こうした異常な混雑状態が発生すれば，自動車による交通もまた混雑・渋滞状態になる。道路利用者にとって必要なのは，確実な道路情報である。鉄道については前述したように，JR東日本主要駅で情報板により情報が知らされるほか，テレビ，ラジオ，新聞，鉄道会社のホームページなどから情報を知ることができる。道路の場合は首都高速道路などの道路については，日本道路交通情報センターや報道で知ることができるが，平面道路は道路の路線も多く，利用者にとって分かりやすい情報を得ることが難しくなることが予想される。道路情報板，道路管理者のホームページ，日本道路交通情報センターや報道などから情報を得るのが現状である。

　こうした非常時の平面道路を含めた道路情報については実例が存在している。それは2008年8月3日午後5時52分に起こった首都高速池袋線で，タンクローリーが横転，炎上し橋梁の一部が剥離したり，鉄筋が露出し，路面の桁が変形，火災の熱によってひび割れ等の大きな被害を起こした事故が発生した。そのため24時間昼夜連続しての工事にもかかわらず，全面交通開放されたのは73日後の10月14日になったのである。この区間の通行止めによって首都高速道路の他のルートも迂回のため渋滞したばかりでなく，事故のあった周辺の川越街道（国道254号），中山道（国道17号），環状7号線といった周辺の一般道路も渋滞を引きおこし，事故前の約2倍の交通渋滞となり，最も渋滞の激しいところでは，事故前に比べ5倍以上にもなったのである。

　これを受けて関東地方整備局，東京都，警視庁，首都高速道路が「首都高速5号線車両事故に伴う一般道路等対策協議会」（事務局；関東地方整備局）を事故4日後の8月7日に立ち上げた。この協議会では円滑な交通の確保策と交通情報の提供に取り組んだのであっ

た。その内容は,
- ① **円滑な交通の確保**
  - ・信号機の調整
  - ・国道・都道の路上工事抑制
  - ・一般道路パトロールの強化
- ② **交通情報の提供**
  - ・迂回路案内看板・横断幕の設置
  - ・道路情報板・路側放送・ラジオ等での情報発信
  - ・サービスエリア・パーキングエリア等でのチラシの配布,ポスターの掲示
  - ・ホームページからの情報発信
  - ・交通関連協会への協力要請
  - ・マイカー利用の自粛要請

この首都高速道路5号池袋線のタンクローリー事故による約2カ月間の首都高速道路の部分的通行止めの際の協議会による情報提供は,首都直下地震の際に必要となることの良き実例が示されたと考えるべきである。

現段階においては,首都直下地震が起きた際の道路交通情報の提供の仕組みはできているとはいえないが,今日関係者間で協議を重ねて,いざという時に利用者のためへの情報を,迅速かつ適格に出すことができる体制を確立してほしいものである。

3 交通規制

　大地震が発生すると鉄道が不通になったり，運転を停止したり，道路も各所で高架道路や橋が崩壊したり，地盤が割れたり，建物の倒壊によって道路をふさいだりすることが現実問題として起こってくる。地震が起こっても人々は日々の活動を続けて行かなければならない。鉄道が利用できなくなると鉄道を利用していた人々は道路を利用することとなる一方，道路も通常の交通量をさばけなくなると渋滞が起こり，渋滞がひどくなればなるほど，救命・救急のための活動やライフラインの復旧等の緊急に必要となる活動に支障をきたすばかりでなく，都市の経済活動や市民生活に必要な物資の輸送にも大きな影響を与えることになる。

　そこで，救命・救急活動や緊急物資輸送のために交通規制が必要となってくる。阪神・淡路大震災の時はこの問題が大きな問題として取り上げられたので，これから起きるであろう大都市での大地震の際に起こり得ることについて検証しておく必要がある。

（1） 阪神・淡路大震災　●　●　●

　阪神間（大阪―神戸）の道路の大動脈は4本あった。阪神高速道路神戸線，同湾岸線，国道2号，国道43号である。阪神高速道路は神戸線が神戸市東灘区の深江地区で635mにわたって倒壊するなどの大きな被害を出したほか，湾岸線でも落橋等の被害を受け，倒壊した阪神高速道路神戸線がのっている国道43号も被害を受け，動脈のうち三路線が交通不能になり，国道2号のみが利用できるにすぎなかった。

　こうした幹線道路ばかりでなく，日常の生活道路でも地割れとか橋の損壊とか建物が倒壊して道路上を閉鎖したりとかで，道路交通

図4-15　被災地周辺の主な迂回路

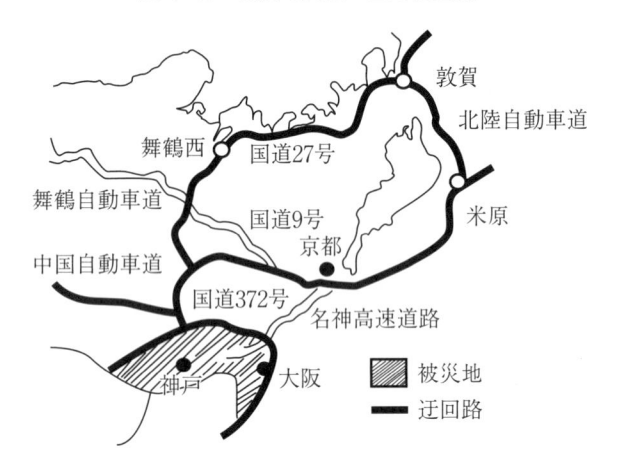

はマヒしたのである。長距離を走るトラック，安否を確認にかけつける親類・知人，神戸から脱出する人たち，救援にかけつける人たちの車で大渋滞を引きおこした。

　国道2号についていえば，大阪府との境から神戸市内までは通常1時間程度のところ，震災当日は7～8時間を要し，翌日も4～5時間を要するという大渋滞となり，19日に災害対策基本法による交通規制が敷かれてやや緩和したものの，10日間にわたって2時間以上かかるといった状態が続いたのである。長距離トラックは名神高速道路と中国自動車道が吹田と西宮間で不通になったため，阪神間を迂回して京都から国道9号で亀岡へ，亀岡から国道372号で舞鶴自動車道を使って神戸の中心部から20km北の中国自動車道をまわる迂回ルートを利用したが，国道9号が渋滞を起こし，さらに迂回ルートを米原から敦賀へ抜け北陸自動車道，舞鶴自動車道を利用して中国自動車道へ迂回するようなルートを選ばざるを得なくなったのである。

　特に被災地への救急・救援活動は，この渋滞のため大幅に活動が

制約される結果となった。大阪から神戸への震災当日の17日は救急車、消防車は通常60分のところ平均360分、最長で480分、翌日の18日で平均220分、最長300分、19日も平均180分、最長で210分という渋滞の中を走行しなければならなかった。

ライフラインの被害調査やガス洩れ対応等の緊急案件で出動した車も渋滞に見舞われ、尼崎から宝塚へ向かった大阪ガスの車両が通常40分のところ120分かかったとか、三宮から新在家へ向かった関西電力の車両が通常10分のところ120分かかったとか、東灘区内の避難所へ出向いた給水車が20分かかるところ200分かかったなどという具体的事例が数多く報告されている。

地震が発生した場合に災害応急対策を実施する上で必要が生じたときは、交通規制をすることができることとされている。その交通規制は道路交通法によるものと、災害対策基本法によるものとがある。

① **道路交通法**では、

道路の損壊、火災の発生等の場合に、警察官が歩行者または車両等の通行を禁止できることとされている。

② **災害対策基本法**では、

第76条

都道府県公安委員会は、当該都道府県又はこれに隣接する都道府県の地域に係る災害が発生した場合において、災害応急対策に従事する者又は災害応急対策に必要な物資の緊急輸送その他応急措置を実施するための緊急輸送を確保するため必要があると認めるときは、政令で定めるところにより、道路の区間を指定して、当該緊急輸送を行う車両以外の通行を禁止し、又は制限することができる。

と規定している。

1月17日震災直後多くの道路が損壊したため、通行が不可能な道

路,危険と判断された道路の通行を道路交通法に基づいて規制,翌18日は道路交通法の規定によって次の道路を緊急輸送車両以外の通行を禁止した。

　　中国自動車道　　　（津山IC～神戸三田IC）
　　山陽自動車道　　　（備前IC～山陽姫路IC）
　　国道2号　　　　　（大阪府県境～明石市）
　　舞鶴自動車道　　　（福知山IC～吉川IC）
　　播但連絡道路　　　（福崎IC～姫路JCT）
　　姫路・加古川BP　（姫路JCT～明石西IC）

　この緊急輸送ルートを通行するにはステッカーを入口などでもらって通行することとされたのであるが,現実の規制は実際上きわめて難しかった。被災当初は警察官自体も被災者になっていたこともあるほか,人命救助を最優先にせざるを得ないため交通規制に充分な人員が割けなかったこと,さらには親類・知人が救助・救援のため車でかけつけたり,被災地外へ避難する人たちを規制することは,実際上きわめて難しかったことがあげられる。救命・救急活動のためには,強力な交通規制を行い,マイカーを規制すべきだという批判も出たが,結果的には交通規制を米国のように強力に実施することはできず,後の災害対策基本法の改正につながっていくことになる。

　交通規制については,平成7年6月に災害対策基本法の改正がなされた。災害時の交通規制は道路交通法でも災害対策基本法でも規制条項があるのだが,いずれの規制も阪神・淡路大震災のような大災害において万全ではなかったことが改正の理由である。道路交通法は,交通規制に関する一般法規であって,災害の発生という特別事由による交通規制は災害対策基本法によらしめることを明らかにすることもこの改正には含まれている。

　改正の要点は概ね次のようなものである。

① **都道府県公安委員会の通行規制を「近接する」都道府県でも規制できる。**
　これまでは被災地とその隣接する都道府県とされていたが，阪神・淡路大震災の時は迂回ルートとなった滋賀県，福井県等も通行規制をかける必要が出てきたからである。

② **通行規制を道路区間指定から区域指定にする。**
　被災状況によっては速やかに道路の区間を指定することが困難である場合が想定されるので，緊急自動車等の円滑な通行を確保するためには，一定の区域全域にわたって包括的に通行禁止できるようにされた。

③ **規制対象外車両（緊急自動車）**
　従来の災害対策基本法では「応急措置を実施するための緊急輸送を確保するため」という車両要件（緊急輸送車）だったが，この規定だと消防車，パトカー，自衛隊車，電気，ガス等の公益事業の点検，応急復旧などの車両が入っていないと解釈されるおそれもあったため，これらを今回明確にして，「応急措置が適格かつ円滑に行われるようにするため緊急の必要があると認めるとき」と改め，緊急自動車という表現を使うようになった。

④ **運転者の義務**
　災害が発生した時，運転者は運転免許取得の時習う教則本で，原則として道路外へ停止しなさいと習っているのだが，これは国家公安委員会の告示で決められていたのを，今回法律上の義務として罰則がかけられることとされた。

⑤ **放置車両，違反車両に対する措置**
　阪神・淡路大震災では多数の車両が道路上に放置され，また通行規制に違反して多数の車両が通行していたことから，緊急自動車の通行に著しい支障をきたしていたことが指摘された。これを受けて次のような改正が行われた。

まず，通行禁止区域で車両が放置されて緊急自動車の通行の妨げとなる場合，警察官はその車両の移動を命ずることができると共に，これに従わない場合や，運転者等がいない場合にはその車両を路外へ排除することができることとしたのである。現場活動に従事する消防署員や自衛官も警察官がその場にいない場合は，警察官と同じような措置がとれることとされた。

　1月19日災害対策基本法の規定による交通規制を受けて，政府部内でも神戸への緊急輸送について関係省庁で，1月21日は方針を固めて関係者に配布する。

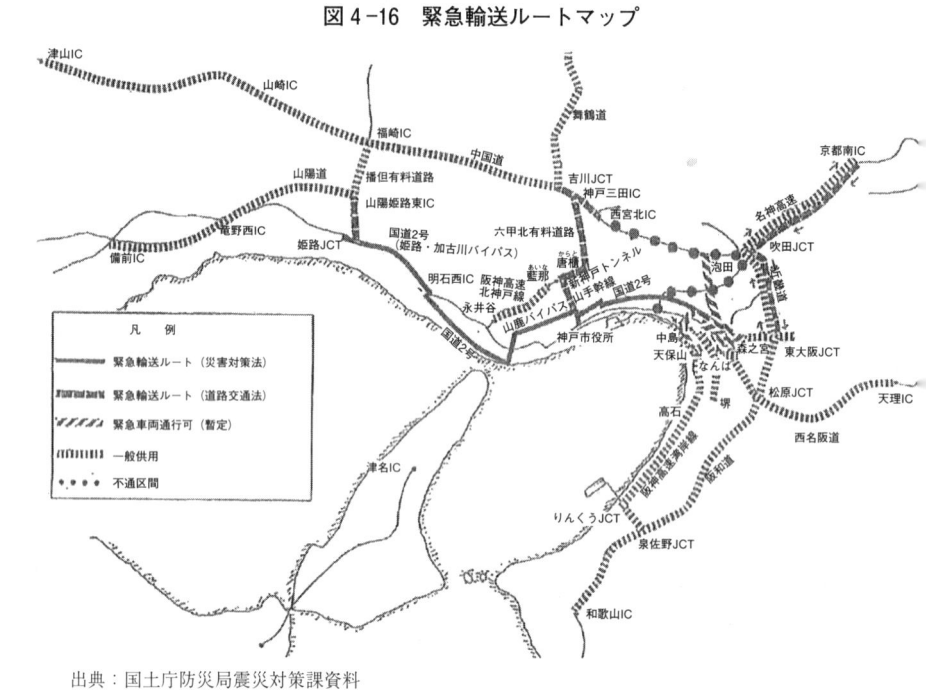

図4-16　緊急輸送ルートマップ

出典：国土庁防災局震災対策課資料

緊急輸送の車両とは,
- ・消防・水防等の応急措置
- ・被災者の救護
- ・災害を受けた児童及び生徒の教育
- ・施設や設備の応急復旧
- ・清掃,防疫等の保健衛生

等を目的とするものとされ,緊急輸送車両のステッカーを警察署,検問所,高速道路料金所で交付を受けることとされた。その当初のルートマップを図4-16に示す。

陸上輸送を補う海上輸送と航空輸送も次のように対策が練られた。

1) 海上輸送
① **政府船舶**(いずれも無料輸送)
- ・海上保安庁の巡視艇を大阪湾内外の港から公共機関からの救援物資を
- ・水産庁の船舶を食料,飲料水等を
- ・防衛庁の自衛艦を横須賀,呉,佐世保,舞鶴などから緊急援助物品を輸送。

② **民間船舶**

民間船舶も大阪湾,関西空港,淡路島等からの旅客輸送の他,京浜大阪間の定期航路で2週間程度緊急物資の輸送を無料で行う。

2) 空　輸
① **陸上自衛隊のヘリ**　伊丹,徳島,入間,浜松,小松,奈良等の基地から緊急援助物品を輸送。
② **海上自衛隊のヘリ**　神戸市内から急患を大阪へ送る。
③ **民間ヘリ**　緊急物資と人員をシャトル輸送する。

さらに空輸と海上輸送を組み合わせて,全国各地の空港から定期便で公共機関等からの救援物資を関西国際空港へ運び,そこから小型巡視艇で神戸へ運ぶことも決められ実施に移された。

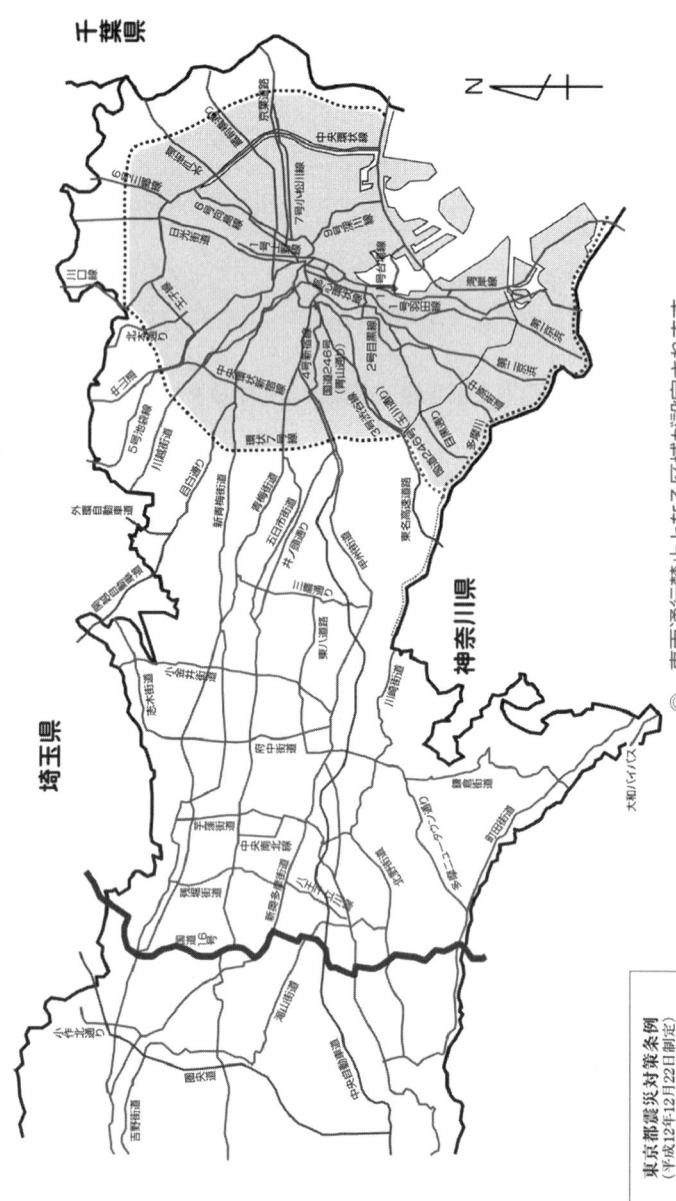

図 4-17 大震災発生時の交通規制

東京都震災対策条例
(平成12年12月22日制定)
(車両による避難の禁止)
第51条 都民は、震災時に避難するときは、路上の混乱と危険を防止するため、車両を使用してはならない。
2 震災時に走行中の車両の運転者は、当該震災時に行われる交通規制を遵守しなければならない。

凡例
- 通行禁止区域
- 緊急交通路
- 一般道路
- 高速自動車国道
- 首都高速道路
- 都県境
- 環状7号線
- 玉川通り
- 多摩川
- 国道16号

◎ 車両通行禁止となる区域が設定されます。
多摩川、国道246号(玉川通り)及び環状7号線を結んだ内側の区域は、全面車両通行禁止となります。(上図◯◯の区域)

◎ 緊急交通路では、一般車両の通行が禁止されます。
次の一般道路並びに高速自動車国道及び首都高速道路は緊急交通路となり、緊急通行車両以外の車両は通行禁止となります。

出典:警視庁「地震のときはこうしよう」

(2) 首都直下型に備える ● ● ●

首都直下型地震が起きた際の道路交通がどのような状態になるかを正確に予測することはきわめて困難である。それは地震の規模がどの程度のものであるか，震源地はどこかによって変わってくるとともに，それによって鉄道がどのようになっているか，道路がどのようになっているかによって大きく変わってくる。しかし，深刻な事態が起こるという想定の下に対策を考えておかなければならないであろう。

1）交通規制

東京都では平成12年に東京都震災対策条例を制定し，

① 都民は震災時に避難するときは，路上の混乱と危険を防止するため車両を使用してはならない。

② 震災時に走行中の車両の運転者は，その震災時に行われる交通規制を守らなければならない。

と定めた。

大震災が発生した際の交通規制は図4-17のようになると決められている。

その要点は，

① **車両通行禁止区域**

　　図で少し濃く塗られた多摩川，国道246号（玉川通り）と環状7号線を結んだ区域

② **一般車両の通行禁止（緊急交通路）**

　　以下の幹線道路は緊急通行車両の通行が迅速に出来るよう一般車両は通行禁止になる。

図4-18　一般車両の通行止め道路

第一京浜	第二京浜	中原街道	目黒通り	玉川・青山通り
甲州街道	青梅・新青梅街道	目白通り	川越街道	中山道
北本通り	日光街道	水戸街道	京葉道路	蔵前橋通り
中央南北線	東八道路	五日市街道	井の頭通り	三鷹通り
小金井街道	府中街道	荻窪街道	残堀街道	志木街道
新奥多摩街道	吉野街道	滝山街道	町田街道	北野街道
川崎街道	多摩ニュータウン通り	八王子立川線	鎌倉街道	大和バイパス
小作北通り	高速自動車国道・首都高速道路			

出典：警視庁「地震のときはこうしよう」

図4-19　可変式標識と緊急交通路案内板

出典：警視庁「地震のときはこうしよう」

③　都心乗り入れと都心からの出入りを禁止

　　都心での交通負荷を緩和するために行う。

　そして標識も次のような可変式標識と緊急交通案内板が表示されることとなっている。

　また，近接県での交通規制のところで述べたように，東京で地震が起きた際は，北関東各県の道路の通行規制が必要になってくることは容易に理解できる。前述した阪神・淡路大震災で経験して実施

した緊急物資輸送や長距離物流の円滑化に向けて政府は直ちに対策を公表すると考えておいて良いだろう。

長距離物流については広域迂回ルートの設定・誘導を関係する都県の県警本部で実施することは，阪神・淡路大震災の経験を生かして実施に移されることとなると考えても良いだろうし，救命・救急車両，緊急物資車両，緊急復旧作業用車両の緊急交通路も直ちに交通規制が実施に移されるであろう。もっともこうした措置も当然警察官が多数必要となるので，全国から警察官の応援がかけつけることになるであろう。

こうした交通規制に加えて図4-17のようにかなり広範囲にわたって全面交通禁止措置をとることとなると，その具体規制には相当難しい問題に直面するおそれがある。車による経済活動を全面ストップすることのほか，個人で避難しようとする車，遠方より安否確認・救援にかけつける車等の通行を抑え切れるかという問題である。阪神・淡路大震災の経験からいえば，通行の全面禁止ではなく，緊急交通路の一般通行禁止の交通規制方式だったが，それでも一般車の迂回路を現場警察官が指示するための労力もかかったほか，通行票の範囲を拡大する要望への対処，さらには偽通行票の出回り等交通規制をきちんと実施する相当な覚悟を持って望まなければならないからである。

しかしいずれにしても，一般車を利用しての交通は容易ではなくなることを考慮して，会社としてもそれに対する備えをBCPとしてもあらかじめいろいろな仮定を立て，営業ルートを検討しておくとよいだろう。

2） 物資輸送

阪神・淡路大震災の時の緊急物資輸送ルートは，救命，救急，避難所への食料，飲料，寝具等の公的援助物資の輸送を中心として対策が練られ，民間企業向けの物資輸送は民間に委ねられていた。このことは首都直下型地震が起きても同じようなことが実施に移さ

れることと考えてよいだろう。ただ例外的に，避難所生活をしていない居住者自体も日常の食料や日用品が必要になるので，交通マヒによってこれらの商品が滞りはじめたことを受けて，コンビニなどへの食料の輸送を自衛隊のヘリコプターを使って輸送をしたことがあったが，自衛隊を使って民間の物資を運ぶことはいかがなものかという議論もなされた。東京の地域的拡がりと人口が神戸に比してかなり大きいことから，仮に首都直下型地震によって道路交通マヒ状態がかなり広域にわたって長引く場合には，ヘリコプターを使って日常必要な食料などを供給する必要が出てくるであろうから，民間のヘリを使うのはもちろんのこと，公的ヘリの運用も検討しておいた方がよい。

3） 会社としての備え

　交通マヒや交通規制についてはいろいろなケースが想定されることから，いくつかのケースを作っておき，それに応じた人員計画による仕事の仕方をブレーンストーミングしておき，実際にそうした事態が発生した時の応用動作がしやすいように準備しておくことが望まれる。自動車が利用できなくなった時によく使われるのは，自転車やバイクであり，阪神・淡路大震災の時もすぐ在庫切れになってしまったというほど，"早い者勝ち"の状態になる。地震に備えて前もって自転車の在庫を持っている会社もある。また東京の交通状況から考えて，通常の仕事に自転車を使っている会社も結構多い。家庭にある自転車も災害の時は大いに活用していくことも会社としてもあらかじめ検討対象としておいたらよいと考えられる。

　また，会社に本社の他に支店や工場などを有していて，被災地でない場所にあれば，そこに本社機能を移して仕事を継続していくことも考えておくほうがよいし，それを前もって考えて，本社が被災した時の臨時的な本社として利用する場所をあらかじめ決めておくことや，本社が倒壊した時等，本社が機能しなくなった時直ちに社屋を借りるという方法もあらかじめ検討しておくとよいだろう。

4　帰宅困難者対策

　阪神・淡路大震災では前述したように神戸市内では主要な鉄道や幹線道路が大きな被害を受け，通勤，通学をしている方々が長期にわたって不便を強いられた。震災当時の市の人口は約150万で，しかも大きな被害を受けたのが六甲山と海側の間に拡がる東西に細長い中心市街地の6,500haであったことから考えると，もし首都直下地震が起きると仮定すると，東京23区を例にとると，人口870万（平成22年1月現在）（通勤・通学人口380万人）で6万2,200haときわめて広い面積に多数の人々が通勤・通学しているわけで，それ以外にも買い物や日頃の交際あるいは旅行などで交通機関や道路を使う人の数は神戸市の比ではない。

　したがって首都直下地震が昼間発生した際は，地震の発生した場所や地震動の大きさ等によって差が出るものの，帰宅が困難となる者の数はおびただしいものになると予想される。

　政府の中央防災会議に設置された「首都直下地震対策専門調査会」が平成17年7月に発表した報告において18タイプの地震動の被害想定を検討し，そのなかで東京湾北部を震源とするマグニチュード7.3の地震が冬の18時に起きた場合，帰宅困難者が1都3県で最大で650万人発生すると推定している。

　さらに平成20年に設置された「首都直下地震避難対策等専門調査会」では帰宅困難者を次のように定義している。

図4-20 帰宅困難者の定義

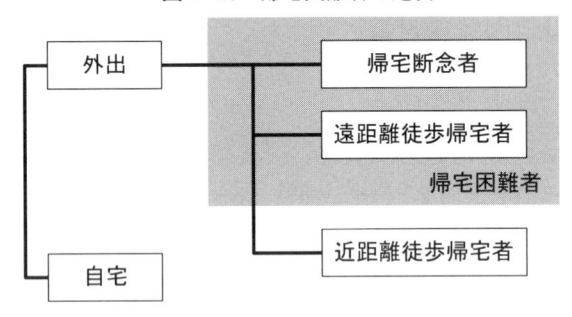

```
外出 ─┬─ 帰宅断念者
      ├─ 遠距離徒歩帰宅者      帰宅困難者
      └─ 近距離徒歩帰宅者
自宅
```

【被害想定における帰宅困難者】

・各地区の滞留者のうち,帰宅までの距離が遠く,徒歩による帰宅が困難な人とする。

・帰宅までの距離が10km以内の人は全員「帰宅可能」とする。

・帰宅距離10km～20kmでは,被災者個人の運動能力の差から帰宅困難割合は1km長くなるごとに10%増加

・帰宅距離20km以上の人は全員「帰宅困難」とする。

出典:首都直下地震避難対策専門調査会報告

そして帰宅困難者数を次のようにはじいている。

表4-7 帰宅困難者数

	帰宅困難者数
埼玉県	約67万人
千葉県	約82万人
東京都	約390万人
神奈川県	約110万人
1都3県合計	約650万人

出典:中央防災会議「首都直下地震対策専門調査会(第13回)」資料

一度にこうしたおびただしい人が徒歩で帰宅の途につくことによって，集団転倒，沿道の建築物からの落下物による事故のリスクがあるばかりでなく，緊急輸送活動の妨げになることが予想されるとして，こうした事態を招かないように同専門調査会では三つの提案をしている。

> (1) すみやかな安否確認
>
> 家族の安否を気遣って早く帰宅しなければならないことを避けるため，従業員に対し家族の安否確認が大地震後すみやかにとれるよう，複数の手段をあらかじめ決めておくように，会社としても決めておくこととしている。家族の安否がすみやかに確認がとれ，家族が安全であると分かれば急いで帰宅せず，帰宅困難者の大きな波が落ち着いてきた頃を見計らって帰宅すればよいからである。
>
> (2) すみやかに移動開始をしない
>
> 徒歩帰宅者の一斉帰宅を抑制するために，国，地方公共団体が，まずは「むやみに移動を開始しない」という基本原則を周知徹底することが重要であるとしている。これは(1)の安否確認にも通じる考え方である。発災直後鉄道は安全確認のため一定期間，点検をする間運転を停止するほか，道路も交通不能箇所も当然でてくると予想されるので，それらの情報を把握するように努めることが大切である。もっとも情報も錯綜して充分にとれるかどうか不分明なことも多いかもしれないが，そういう情報もないまま行動に出ることは抑制した方がよいといえる。
>
> (3) 翌日帰宅，時差帰宅
>
> 家族の無事が確認できた従業員に対しては，翌日帰宅や時差帰宅を会社が決めておき，そのための一時的な従業員の収容対策（宿泊，食料，飲料水等）もあらかじめ決めておくことが好ましい。

鉄道のところで述べたように安全確認のための運行停止状況は，

地震の規模や震源地にもよる鉄道の被災状況によっても変わるが，1日程度たてばよほど被害が大きい場合を除いて運行が開始（折返し運転などの措置を含めて）されると考えてもよいのではないかと思われるので，翌日帰宅等の措置は必要かつ重要なものといえよう。

　帰宅困難者対策は，国や地方公共団体等が積極的に呼びかけ，また各企業でも真剣に取り組む必要があるが，多数の従業員の職場が集中している地域や主要駅の周辺が最も混乱をおこす可能性が高いといえる。したがってこの対策は個々の企業にとどまらず，そうしたある程度まとまった地域が共同して対策を練ることが必要であろう。

　現実に，丸ノ内，大手町地区では三菱地所が中心となってこの地区の企業と帰宅困難者対策を進めているのは好例といえる。ちょうどこの地域に丸ノ内防犯協会という組織がもともとあり，その活動に合わせて帰宅困難者対策などの防災対策が話し合われ，活動しているのである。こうしたコミュニティ活動として集団帰宅困難者対策をすることを勧めたい。

　阪神・淡路大震災以後「自助・共助・公助」ということが強く言われるようになったのだが，まさにこれは共助による防災対策の好例である。

　さらに最近は「帰宅時間シミュレーションシステム」を開発して社員の帰宅困難状況を具体的に明らかにして，大地震時のBCPに役立てようとする試みが現実化するようになってきた。これは都内に本社があるゼネコンが数年前から検討を進めてきている「災害時マネジメント支援システム」の一環として開発されてきたものである。都市地域では道路面積が大きいため（例えば都区部では6分の1が道路である），道路が地震によってどのような被害を受けるかはきわめて予測が難しいのであるが，こうしたシステムの開発は，より

現実的 BCP を作っていく上で意味があると思われるので、その考え方を紹介しておこう。

地図情報システムを使うことが原点である。すなわち，
① 先ず，地図にメッシュを入れ（たとえば1km四角に細分化する），
② そこに地盤の揺れやすさの情報と，橋梁（施工年度など）の情報，建築物（木造，鉄筋コンクリート造などの構造，建築年代），建築物の面している道路の幅員等の情報を入れる。
③ そこに震度を入れて道路の被災および建物倒壊や火災の延焼による道路の閉塞状況を予測，
④ これによって通行できる道路を結んで，全社員について自宅と会社間のルート，距離，徒歩による移動時間を明らかにすることによって，会社から帰宅する場合と，会社へ出社する両方の場合に利用できることとされる。
⑤ 東京の場合は通勤距離の長い職員が大勢いることから，本社ばかりでなく，支店，営業所などの拠点も加えてこのシステムを利用することができる。

このようなシステムは，帰宅困難者対策を進めていく企業にとっても，さらには営業活動，生産活動を円滑に進めていくためにも有益なツールとして利用しうることを示しているので，類似のシステムが開発されることも期待したいが，そのためには橋梁などの道路の耐震情報が可能な限り提供されることが望ましいだろう。

帰宅困難者対策は，社員の家族の安否確認の有無や自宅の被災状況によって左右されるといえる。すなわち家族が被災していないことが確認できた場合や，自宅が被災していなかったり，被災の程度が軽い場合は，急いで帰宅せずに何日かは会社の仕事に従事することができるが，家族や自宅が被災した場合について，会社としてはあらかじめ方針を決めておく必要があろう。

東日本大震災の時，首都では　2011年３月11日の東日本大震災では，首都東京は震度５強と震度５弱の揺れであった。都内の鉄道は新幹線をはじめとする長距離列車を含めて一斉に運転を停止した。鉄道各社は，路盤・線路・高架橋・信号・通信設備の点検を実施するため運転再開までに時間がかかり，帰宅困難者がでる結果となった。

　震度５ということもあり被害はほとんどおきなかったのであるが，安全運転のためには点検はおろそかに出来ない。通勤通学客の乗る主な鉄道再開時は概ね次のようであった。

```
　都　　営
　　三田線・浅草線             3/11  20:30
　　大江戸線                   3/11  20:40
　東京メトロ
　　銀座線                     3/11  20:40
　　半蔵門線（押上～九段下）   3/11  20:40
　　南北線（白金高輪～浦和美園）3/11  21:20
　　有楽町線（池袋～新木場）   3/11  22:15
　　千代田線（大手町～表参道） 3/11  22:35
　　東西線（高田馬場～妙典）   3/11  23:05
　　日比谷線（上野～中目黒）   3/11  23:08
　　副都心線（池袋～渋谷）     3/12  00:00
　ＪＲ
　　山手線　内回り             3/12  08:30
　　山手線　外回り             3/12  11:00
　　京浜東北線（大宮～桜木町） 3/12  08:45
　　常磐線快速（上野～取手）   3/12  07:45
　　常磐線各駅（上野～取手）   3/12  09:00
　　高崎線（上野～高崎）       3/12  07:00
　　総武線快速（東京～千葉）   3/12  08:35
```

総武線各駅（三鷹～千葉）	3/12	07：50
中央線（東京～高尾）	3/12	07：30
民　鉄		
京王井の頭線（全線）	3/11	22：10
東急（東横線，田園都市線，外全線）	3/11	22：30
小田急（小田原線，多摩線）	3/12	00：00
京浜急行（品川～三浦方面）	3/12	05：02（始発から）

　このように鉄道がとまると帰宅困難者が出てくる。電車が停まったことを受けて多数の人が帰宅し，道路の歩道は多勢の帰宅者であふれた。もっとも会社で寝泊まりした人も多かったし，避難施設として用意された場所で一夜を明かした人も都の調べでは9万4,000人とのこと。鉄道の運転状況はテレビで頻繁に報道されていたので，運転再開によってその日のうちに帰宅できた人も多かったようだ。

　他方，道路も幹線道路は軒並み渋滞に見舞われ，歩行者の方が車よりも速いという状態になった所も多かった。首都高速道路は緊急時に備えて交通止めにしたこともあって一般道路に車が集中する結果となり，新橋から第一京浜で多摩川にかかる六郷橋までに7時間もかかるという渋滞ぶりであった。

　鉄道の情報提供にくらべて道路の情報提供は高速道路を除いてほとんどなされていない。ドライバーはひたすら渋滞を辛抱するしかなかったのである。

　今回は首都では道路自体の損傷はなかったのであるが，首都直下地震が起きた時は，主要な一般道路の渋滞情報をドライバーに知らせる必要があり，情報提供の仕方の改善は急務である。

第5章　耐震建築（非住宅）

　大きな地震が発生すると建築物が倒壊したり破損したりといった被害が出るのであるが，阪神・淡路大震災の建築物の被害は顕著であった。特に被害が大きかったのは住宅で，全壊，半壊，一部損壊を含めた被害数は神戸市を含む関西地方で64万棟にも及んだのである。

　一方非住宅も公共建物1,579棟，民間建物40,917棟が被害を受けたのである。

表5-1　建築物の被害

住家被害	全　　壊	104,906棟
	半　　壊	144,274棟
	一部損壊	390,506棟
	合　　計	639,686棟
非住家被害	公共建物	1,579棟
	その他	40,917棟
	合　　計	42,496棟

出典：消防庁（平成18年5月確定報）

　住宅については被害が大きく，それによって亡くなった方も多く出たこともあって，日本都市計画学会と日本建築学会近畿支部が合同で，神戸市の中心市街地の被害建物について，目視の外観による詳細な調査が行われた。その結果は図5-1と図5-2のとおりであ

図5-1 構造別建物滅失状況の分布（東灘区～須磨区）

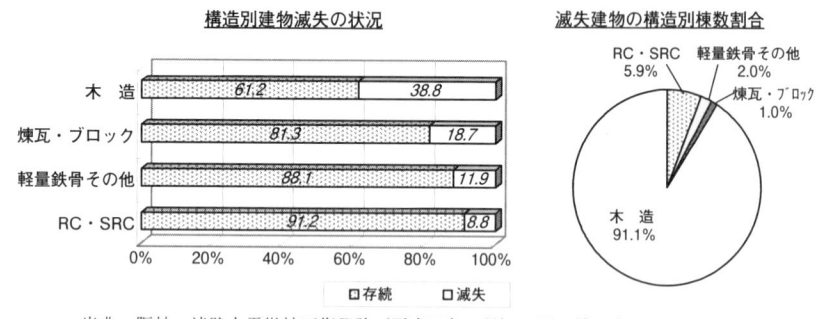

構造別建物滅失の状況

構造	存続	滅失
木造	61.2	38.8
煉瓦・ブロック	81.3	18.7
軽量鉄骨その他	88.1	11.9
RC・SRC	91.2	8.8

滅失建物の構造別棟数割合

- 木造 91.1%
- RC・SRC 5.9%
- 軽量鉄骨その他 2.0%
- 煉瓦・ブロック 1.0%

出典：阪神・淡路大震災神戸復興誌（平成12年1月）20頁　神戸市

図5-2 建築年次別滅失状況の分布（東灘区～須磨区）

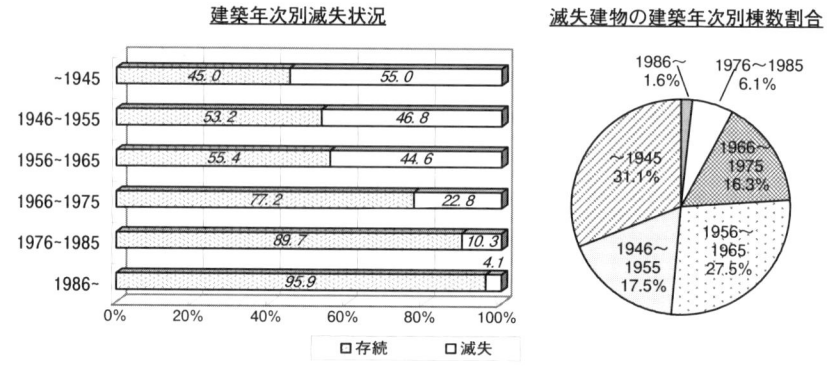

建築年次別滅失状況

建築年次	存続	滅失
~1945	45.0	55.0
1946~1955	53.2	46.8
1956~1965	55.4	44.6
1966~1975	77.2	22.8
1976~1985	89.7	10.3
1986~	95.9	4.1

滅失建物の建築年次別棟数割合

- ~1945　31.1%
- 1946~1955　17.5%
- 1956~1965　27.5%
- 1966~1975　16.3%
- 1976~1985　6.1%
- 1986~　1.6%

出典：阪神・淡路大震災神戸復興誌（平成12年1月）20頁　神戸市

る。

　これで見ると分かるように，建築物の構造別では木造，RC・SRC（鉄筋コンクリート造，鉄骨鉄筋コンクリート造），軽量鉄骨その他，煉瓦・ブロック造の順で被害を受けており，建築年次別では戦前，戦後20年まではほぼ半分が滅失し，その後滅失率が低くなってきている。被害を受けた建築物の大半が木造であったが，これは個人の住宅の被害が極めて大きかったことを意味している。

第5章　耐震建築（非住宅）

　会社の建物は一般的には木造ではなく RC・SRC 造が多いと言えるが，木造と比較すると地震には堅牢に造られているから滅失率は少ないが，それでも8.8％は壊れてしまったのである。

　鉄筋コンクリート造については建築基準法が1981年に改正されている。1981年以後の耐震基準による建築物には被害がきわめて少なかったのに対し，それ以前の建築は大きな被害を受けたのである。

　RC 造や SRC 造は，木造と比べて設計基準は詳細に規定されているため建築物としては堅牢である。したがって木造住宅などは全壊，半壊がかなりの数を占めたが，コンクリート造では全壊という被害はそれほど多かったとはいえず，ビルのある階がつぶれてしまうとか，1階部分で壁がなく柱だけのピロティ部分がつぶれるとか，柱がくずれてしまうなどの被害が多くみられた。しかし全壊ではなくてもこうした被害は建物自体としては使用不能になるため，最終的には取り壊さざるを得ない結果にはなるのである。

　1981年基準とそれ以前の建築物の耐震性については，神戸市役所

神戸市役所新館（左手奥）と旧館

（写真提供　神戸市）

新旧の庁舎がよく物語ってくれる。1989年に新築された30階建ての新庁舎は地震に対して無傷であったが1957年に建築された旧庁舎は6階部分が倒壊し、おしつぶされてしまったのである。これは以前の基準では5階まではSRC造で6階から8階がRC造で建築することは許されていたのであるが、構造が異なる階での柱の強度が結果的に不足して崩壊を引き起こしたとされ、結局鉄筋RC造の6階から上の階は撤去されたのである。

このように阪神・淡路大震災によって会社のビルや工場が大きな被害を受けた。大企業といえどもその例外ではなく、わが国を代表する鉄鋼メーカーである神戸製鋼所も本社ビルや工場が大きな被害を受けたし、中小企業はさらに大きな被害を受けたのである。

神戸商工会議所が平成7年7～8月にかけて行った調査によると表5-2のように、

　　社屋、店舗、工場について、
　　　全壊　　　21.5%～30.1%
　　　半壊　　　16.2%～22.2%
　　　被害なし　16.2%～20.8%
　　機械設備、棚卸資産について、

表5-2　被害状況

	全　壊	半　壊	一部損壊	被害なし
社　屋	21.5%	17.6%	44.7%	16.2%
店　舗	30.1%	22.2%	29.6%	18.1%
工　場	21.9%	16.2%	41.1%	20.8%
	大きな被害を受けた	被害を受けた	一部被害を受けた	被害なし
機械・設備	15.6%	12.9%	54.7%	17.5%
棚卸試算	16.9%	14.9%	44.9%	23.3%

出典：神戸商工会議所「阪神・淡路大震災大震災に関する被害等調査結果」（平成7年7～8月調査）

被害大　　15.6%〜16.9%

被害なし　17.5%〜23.3%

となっていて，7〜8割は被害を受けているのである。

　地震が発生したのが就業していない明け方であったから社員の犠牲者は出なかったが，これがもし勤務時間中であったら多数の犠牲者を出したことは想像にかたくない。

　商店街も同じように大きな被害を受けた。神戸市商店街連合会がまとめた平成7年11月現在の中心市街地六区（東灘，灘，中央，兵庫，永田，須磨）の101商店街5,738店舗のうち，

全壊　　1,543店舗　26.9%

半壊　　1,812店舗　31.6%

とほぼ6割が全・半壊したのである。

　神戸市が大震災から2年半後の平成9年7月に行った商店街の店舗の調査によると，営業を再開した店舗はこの6区で82.4%にとどまっており，特に店舗の全損率が54.6%，62.1%と高かった灘区と長田区では71%と73%と店舗再開率は低く，震災によって受けた被害の深刻さを物語っている。

　この全損率には焼失も含まれているとはいえ，震災による個々の企業の震災に対する備えの基本は耐震化を図ることである。そのためにはまず耐震診断を行い，それによって必要な耐震改修を実施することである。

　耐震設計，耐震改修は専門の技術者，コンサルタント，建築会社などに相談をすることとなるが，以前から知り合いの信頼できる人がいない場合には，財団法人日本建築防災協会，社団法人日本建築事務所協会連合会，社団法人日本建築士会連合会，社団法人日本建築構造技術者協会に相談することができるようになっている。これらの団体は全国団体であるので各県に支部があり，物件のある地域

の専門家に診てもらい，それによって必要な耐震改修をすることが，地震に対する備えとなる。

　しかし残念ながら耐震改修は進んでいるとはいい難い。非住宅の建築物（これには一般的な企業のオフィスビルや工場ばかりではなく，学校，病院などの公共建築物や民間建築物でもデパートや劇場などの多数の人々が利用する特殊建築物が含まれている）の耐震化率は80％なのであるが，オフィスビルや工場についていえば，3階以上かつ1,000㎡以上が対象とされた統計数字であり，それ以外の建築物は統計がとれないためもあって耐震化率の実情は分からない。実際にはきわめて低いと考えられる。

　阪神・淡路大震災は早朝5時46分に起こったため，仕事場であるオフィスや工場には働いている人達が24時間稼働の工場等を除いてきわめて少なかったのであるが，もしこれが多数の従業員が働いていた時間に発生したら，失った人命はかなりの数になっていたと考えられる。したがって企業の職場であるビルや工場等は，就業時間に大地震が起こることを前提にして備えをしておかなければならない。

　関西は地震がないと思われていたこともあって，被災した企業の方々の手記などを読んでも，大地震に対する備えをしていなかった記述がほとんどであるが，いくつかの企業のヒアリングをしたなかで充分とはいえないまでも備えをしていた企業もあることを付記しておこう。

　ある社は大企業の神戸支店で，その古いビルに簡易なかすがいをしていたため全壊を免れたものの，震災直後の耐震診断では耐震性なしと判断され撤去し，新たなビルの建て替えを余儀なくされた。もしかすがいをしていなければ，建物が壊れ多くの従業員が被災したと考えれば，万全な耐震工事が施されていなくても，人命に対する被害を防いだといえるのである。

ある社は中小企業で，しかもどちらかといえば零細の家内工業の町工場である。2階が住宅で1階が工場という住工併用の木造建物であったが，経営的には豊かというより苦しい状況にありながら，ご主人が地震が起きたら怖いという考えを持ち，これまた簡易なかすがいを1階と2階に施していたため，地震が起きた時は2階で寝ていた家族4人は無事だったというのである。もっともこの建物は長田区にあったため結果的には類焼してしまったのであるが。

地震がないと言われてきたこの地域でも地震への備えをしていたという事実があることは，大事なメッセージを我々に伝えてくれている。地震から人命を守るという観点からいえば，日本全国いつどこでも地震が起こるという意識が阪神・淡路大震災後に強く認識されるようになった現在，会社としては社員の人命を守り，かつ，社の業務を円滑に継続していくためにも，古い建築物の耐震診断，改修を進めていくことが大切である。

最近のわが国の経済状況は，収益の厳しい環境下におかれて経営を強いられるため，耐震への投資へ資金がまわしにくくなっていることも事実である。非住宅の耐震改修に対する補助制度もあるのであるが，

① 国の補助は地方公共団体が補助する場合を条件としているため，地方公共団体に制度がない地域では受けられないこと
② 地方公共団体に制度がある場合では，特定建築物が対象になっているため，ビルや工場では3階建てでかつ，1,000㎡以上でないものは補助対象とならないこと
③ さらに，補助対象工事の単価の限度額や補助限度額などの条件がついていること

により，必ずしも全てのビル等の建築物が対象となっていないが，対象となっている建物はこの制度を利用して耐震改修をすることをおすすめする。対象外になっている建物も震災が起きた時の被害は決して小さくないのであるから，予算に限りがあるとはいえ，申込

163

順などの工夫をこらしてとりあえず耐震化に取り組める仕組みが作られることが望ましい。

さらに税制の面からも耐震改修費を経費として認め、損金算入する途もあるが、詳細は所轄税務署に問い合わせ、相談することをおすすめする。

耐震診断、耐震改修 (注24) は、今まで述べたように、専門家に頼むことになるので、信頼できる人を選ぶことからはじまるが、都道府県や市町村の建築担当部局、前記建築防災協会等の団体の本部や都道府県支部、所轄税務署への相談をいとわないで実施することが、結果的には大震災の時会社を守ることになるということを信じてやまない。

(注24) 耐震診断、耐震改修にかかる費用については、
1） 耐震診断について2004年に(財)物価調査会が151件のビル（その6割が3～4階建）について行った調査では、200万円まで、200～400万まで、400～600万までがそれぞれ15%ずつで平均460万という結果が出ている。
2） 耐震改修工事は壁を増設したり壁を補強する方法と柱を補強する方法があって、それぞれのなかでもいくつかの工法があるので一概にここでは簡単に述べることは難しい。したがって、これらについて相談相手を決めたらじっくり相談することをおすすめする。

第6章 会社としての備え

1 実例から学ぼう

　前章までにライフライン，交通，通信といった社会インフラ関係について述べてきた。こうした社会インフラは日常あたりまえのこととして利用してきているものであるが，地震による影響を当然受けるので，社会インフラの仕組みと阪神・淡路大震災における被害状況と復旧状況を参考にしながら，首都直下地震が起きた際の社会インフラの被害や復旧目標を念頭に入れて対策を練っておくことが必要である。

　社会インフラの利用が制約されること自体が企業としてはBCPにとって重要な事項ではあるが，仕事を継続していくためにはその他にもいろいろな制約がかかってくる。それがBCPの主要な課題であるが，BCPの作成や実際に地震が発生した時にどう対処したらよいかについても経験を教訓とすることを忘れてはならない。

　阪神・淡路大震災の経験は教訓として次に起こる大地震についての備えに役に立つと考えてよい。これまでも手記や著作などでも阪神・淡路大震災の被災企業のとった対策や行動が報告されているが，私自身の被災企業とのヒアリングをもとにこれらを明らかにしていきたい。経営者やBCP担当者にとっても有益であると思うからである。

大地震が起きた時の会社の体制は大企業と中小企業ではかなり異なった側面がある。事業規模，マンパワー，資金力，関連企業の数等によって差が出てくるからである。そこで，大企業と中小企業をそれぞれ一社ずつの実例を述べたあと，一般的に注意しておくべき点をまとめて述べることとしたい。

（1）　大企業の被災例──神戸製鋼の場合

　株式会社神戸製鋼所（通称「神戸製鋼」）は1905年に創立され，資本金2,333億円，本社は神戸と東京にあり，子会社と関連会社を含めて262社，連結決算が1兆6,700億円，従業員も33,000人という日本でも有数の企業である。社名が示すとおり神戸を本拠としていたのであるが，設備や機械関係は高砂へ，研究所が神戸市の六甲山の北の西神ニュータウンへ移転していた時，阪神・淡路大震災が発生した。本社ビルは1階がつぶれて使用不能となり，工場も建屋，クレーンなどの工作物が破壊され，その経済的損失は1,000億円にものぼったのである。

　このように本社機能と主力工場に大きな被害を受けた神戸製鋼の復旧に至るまでの経緯は，今後起こり得る大地震に対して大きな企業のBCPの教訓として生かすべきことが多々あると考えられるので，その要点を記していくこととしたい。

1）　安否確認

　被害の大きい地震が起きた時にまず重要なのが被害の規模の把握である。しかしそのためには社員の安否，社員の家族の安否の確認が必要である。

　鉄を作る高炉は24時間稼働させているので，震災が起きた時も400名が勤務していたが，幸いなことに人身にかかわる事故はなかった。工場で働いていた400名の職員は家族の安否確認をしようとしたが，電話がつながらなかったため自宅へ帰り安否確認後出社，自宅にいた社員や家族の安全が確認できた社員は会社に出て来た。

社員の大半は神戸市内に住んでいたが、来るために相当の時間をかけて歩いて本社、工場へやってきた。六甲山の北に住んでいる社員で2時間くらい、加古川に住んでいる社員は6時間くらいかけて会社へ出てきた。震災当時安否確認の方法は会社が行うこととされていたため、被災して遠くの親戚などに避難していた社員等もいたので、全員の安否が確認できるまでに1週間もかかった。それを教訓に、震災後は社員から上司へ申告するという仕組みに改められている。

2） 指令塔の重要性

神戸本社の建物は使用不能となったことから、指令塔としての本社機能を東京本社に移した。本社が一つでそこの本社が被災した場合と違って、東京にも本社機能を有していたので直ちにここで事後対策を進めることができたので、二本社体制はきわめて有効に機能したといえる。二本社でもない場合においては、本社機能が喪失した際のバックアップをあらかじめ決めておくことの重要性を示している。

工場復旧の時期とか、製品供給の納期などについて取引先からの問い合わせ等は、すべて東京本社でスムースに対応できたことは、BCPとしてきわめて有効であったといえる。

3） "復旧を3カ月で"の方針決定

神戸市の工場は壊滅的被害を受けたため高砂市の用地に移転する案も考えられたが、現工場で3カ月で復旧して製品を供給するという大方針を決定した。すなわちこれ以上復旧が遅れれば取引先との関係が切れてしまうおそれがあり、5～6カ月はかかると言われていた再建も無理をしてでも3カ月で復旧するという方針を決定したのである。神戸本社と主力製鋼所が壊滅した神戸製鋼所としては文字通り生き残りをかけた決断であり、会社再建のための決定的な決断であったといえる。

BCPの考え方も取引先を含めた事業の継続であるから、取引先

との関係で最も大切な製品の供給時期をいかに早くするかが重要なポイントである。この方針を指令塔となった東京本社が取引先に心を込めて説明し，理解してもらった努力もまた見逃してはおけない。会社を挙げてのBCPである。

4） 社長のメッセージ

3カ月で突貫工事で復旧するという目標を全社一丸となってやるために有益だったのは，社長のメッセージである。社長の強いメッセージは危機の時は特に重要であり，社としてもいわば危機存亡の時ともいえるだけに，職員の士気を高めたばかりでなく，取引先が離れていくのを引きとどめる効果も大きかったといえる。

BCPにおいてもトップの指揮，統率力は大きなウエイトを占めているが，神戸製鋼の場合もそれを実践していたといってよい。

5） タイムリーな情報提供

BCPにとっても必要なことはタイムリーな情報提供である。3カ月復旧方針はその目標に向けて努力していること，その進行状況などはユーザーにとっても大きな関心事である。ユーザー自身もそれを前提にしながら業務をしているからであり，また不測の場合に備えた他のルートについても検討していることは容易に想定されるからである。神戸製鋼の場合はユーザーに3カ月間情報を適時提供し，あわせてマスコミにも3カ月間情報提供をし続けたのである。

6） 3カ月復旧の具体策

① 工場には**ユーティリティー**は不可欠である。
  ・電気は関西電力の尽力により早期供給をしてもらえた。
  ・工業用水は工業用水道が壊れ配水不能になったため，加古川から船を使って運んだ。

第6章 会社としての備え〔1 実例から学ぼう〕

② **人員・資材の輸送**

　大きな工場の復旧には多大な物資や熟練工などの技術者，工事業者，応援企業からの人員を投入する必要があるが，鉄道，道路のインフラは使用不能であったり，混雑していたりしていたのでは復旧はままならない。神戸製鋼はこの点では恵まれていたと言っても過言ではない。もともとの工場敷地には鉄鉱石，コークス等を海外から運んできて接岸する専用岸壁を有していたことと，関係会社に神鋼海運（当時）という海上輸送行を行う会社があったからである。これによって加古川にある神戸製鋼の製鉄所の敷地から必要な人員，食料，飲料，資材を送ることができたことがきわめて効果があった。

出荷クレーン（震災時） 　　　　出荷クレーン（現在）

岸壁（震災時） 　　　　　　　岸壁（現在）
（写真提供　神戸製鋼）

169

③ **宿泊施設**

　大勢の人員を投入して復旧するためには，宿泊施設が必要になる。そこで通勤が不要になるように工場内の敷地に宿泊所を作った。この宿泊所の建設も日頃から付き合いのあるゼネコンが応援に駆けつけてくれて素早く建設してもらえた。

　外部の人ばかりでなく所員もこの宿泊所に寝泊まりして復旧にあたった。また作業の疲れを癒して鋭気を養えるよう簡易な風呂も作ってもらったことは，復旧作業の円滑な進行にも役立ったといえる。

④ **事務処理**

　神戸本社が使用できなかったため，事務処理機能は加古川にある製鉄所に移し，パソコン等をそこにおいて給与計算や支払管理等の事務処理機能を分散させた。

このようにして神戸製鋼は阪神・淡路大震災から立ち上がり事業を継続してきたのであり，その意味ではここから企業として大きな教訓を学びとることができよう。

（2）　**中小企業の被災例**
　　　——あるケミカルシューズ会社の場合　●　●　●

　神戸のケミカルシューズといえば全国一の生産を誇っていたのであるが，激震地の長田区に集中していたこともあって，その被害は甚大であった。震災前は450社のメーカーを中心に縫製，木型，ゴム製品等の関連企業を含めると1,650社で2万人が職住近接で働く有力地場産業であった。

　しかし，木造密集市街地に立地していたこともあって，業界の約8割が全壊，全焼，半壊の被害を受けて壊滅的な状況であった。再建できなかった企業があるなかで，ここでは再建して営業を継続している会社の社長からのヒアリングをもとに述べてみる。

1）　**地震への備え**

昭和56年頃に1階が工場，2階が住宅という建築物を建てたが，地震に対しての備えは何もしていなかった。したがって1階部分はぺしゃんこになったのだが，住宅部分には被害がなかった，これは新耐震基準以前の建築であったため，1階部分が倒壊したと考えられる。もっとも上階部分に被害がなかったのは建築年代として新しいことも関係しているように思える。

2） 安否確認

会社へは昼頃出社したが，つぶれた工場の2階の一室を事務所にしていたので，ここから安否確認をしたが，従業員は職場の近くに住んでいることもあって，しかも従業員数も多くはないので安否確認で困ったことはなかった。

3） 取引先との関係

会社を継続していくために必要な取引先等の関係者への連絡は，当初4，5日は一般の電話はつながらず，公衆電話が割とよくつながったのでこれを利用した（当時携帯電話は余り使われていなかった）。

取引先のうち特に納入先とのやり取りが結構多かった。納入先としても，商品の買い付け量の確保がままならなければ販売先からの収入が入らなくなり，手形も落とせなくなるから事業を継続するためにも必死であり，被災しているほかのメーカーにも必要量以上の注文を多角的に出していたようである。あるメーカーだけに頼ると，そのメーカーがその量の出荷を期日に納入できなければ，自らの営業に差し支えがでてくるからであり，これは会社として当然のことであったと思われる。

4） 仮工場の決定

工場がつぶれてしまったので再建するまでには時間がかかり，それまでの間納入先からの注文の靴を作るための仮工場を探したのだが，素早いメーカーはあっという間に仮工場を手当てしていたので，そのため震災から4，5日後にようやく空いているかなり古い建物しか手に入らなかった。仮工場を決定して3月1日から操業開始す

ることを決定し，取引相手の納入先へもその旨連絡をした。

　こうした大震災が起きた時などの会社の危機の時，例えば再建するか否かといった大事な決定には，経営者の判断がきわめて大事であるのは言うまでもないが，それに加えて素早い決断がなお一層大事であることを物語っている。

5) 資金繰り

　会社にとって資金繰りは何より大切である。この会社の場合，震災3日後の1月20日に支払うべき債務の期限が来ていたし，26日には従業員の給与の支払日であり，そのための手許資金が必要であったが，賃貸住宅を持っていたためキャッシュフローがあったので，当座の資金繰りに困ることはなかった。

　このことはあまり一般的ではないかも知れないが，副業としての賃貸住宅の経営がキャッシュフローに困らなかったという結果をもたらしたことを意味している。リスク管理として，いざという時の備えとして考えておくべきことを示唆しているようにも考えられる。

6) 工場再建と資金調達

　経営者としては，被災した場所で事業を継続していきたいという気持ちが強かったので，建物を壊して再建する方針を決定する。工場の上に賃貸住宅があるので，入居者に敷金を返して他の貸家へ移ってもらい再建に取りかかる。そのためには賃金調達が必要となるが，商工中金神戸支店にかなり思い切った資金融通をしてもらったのが助かり，建物完成後の支払融資にも必要額をすべて受けることができ，再建を軌道にのせることができた。

　資金調達に関連しては，ガレキ(注25)処理を公的負担にしてもらったのが一番有難かったという。

7) 教　訓

　以上のような経緯をたどり，社員が一丸となり努力し，関係会社の理解と協力を得，市などの応援も得て再建した経験から，こうした大震災からの教訓を三つ以下に記しておこう。

① **耐震が一番大切**

　当時耐震性のある工場であったら，事業の再開も直ちにできたろうし，それによって取引先との関係もさらに良好になったと考え，新しい工場を建てた時は基礎工事は万全にして，検査も念を入れて実施し，施工も信頼できる工務店に依頼することにした。

② **従業員を大切に**

　30人の従業員のうち29人が震災後すぐに会社へ駆けつけてくれた。このため仮工場での操業，取引先との連絡，工場の再建に素早く取り組むことができた。その意味では，ある程度小さな規模の会社であることから，家庭的な雰囲気の中でそれまで仕事をしてきたことがこうした結果になったと考えられる。

③ **問屋の倒産**

　メーカーが壊滅的な被害を受けたことに関連して，メーカー⟵→問屋⟵→小売商といった流通ルートがくずれ，問屋の製品不足により商品が届かなくなったことから小売商は外国からの輸入等によって販売せざるを得なくなり，神戸の多くの問屋がつぶれていった。問屋としてはメーカーに過剰な程注文をしていたにもかかわらずだったので，ある意味ショックを受けた。靴といった商品などでも関係する会社は多くあるので，阪神・淡路大震災のような大きなリスクが発生した場合に備えて，業界としての取り組みが必要なのではないだろうか。

（注25）　ガレキ処理は，事態の重大さから民有地のガレキを公費負担で処理することを，震災発生後10日後の1月28日に政府が方針を発表した。それにより個人の住宅は当然として，資本金1億円未満の中小企業者の事業所や賃貸住宅のガレキ処理が公費負担で処理することとされた。この経緯の詳細については，拙著『防災行政と都市づくり』191～213頁参照。

2　大震災に備えて

（1）　備えあれば憂いなし　●　●　●

　阪神・淡路大震災の大きな経験の一つにあげられることに"関西は地震がない"と一般的に信じられていたため，地震に対する備えをしていなかったことが挙げられる。もし地震に対する備えがなされていれば被害を少なくできたかも知れない。

　"備えあれば憂いなし"は地震等にもあてはまる格言である。とはいっても現実にはなかなか充分な備えをしておくことには制約があるといわなければならない。会社は競争原理によって事業をしていくわけであるから効率的投資によって利益を追求しなければならない。何十年か何百年に一ぺんしか起こらないかも知れない大震災に備えた投資に回していられる余裕のない企業もある。仮に余裕があっても一度に投資をして赤字を出すことはなかなか決断することにも躊躇せざるを得ない場合もある。だからといって，もし大地震が発生して大きな被害を生じれば，会社の生き残りをかけての投資をしなければならないから，計画的な投資や段階的投資を考慮していかなければならないだろう。

　こうした経済的負担に耐えられない企業としては大震災対策はきわめて深刻である。阪神・淡路大震災では特に中小企業のなかには，壊滅的な被害を受けて再建できなかった企業は多くあったのである。したがって将来にわたって事業継続をしていこうとしている企業としては，覚悟して備えをすることはまず第一歩である。

（2）　耐震重視　●　●　●

　大地震でいちばん恐ろしいのは建物の倒壊や事務機器，書類棚などの調度品の転倒などによる身体への影響である。さらには事業活

動に必要な書類の損失である。そのためにはオフィスであろうが工場であろうが，建物や調度品の耐震性が大地震に耐えられるようにしておかなければならない。

　阪神・淡路大震災の被災者の意見のなかでも，耐震性が最も大事だという経営者が多いことは，理屈の上でも実際の上でも当然のことと言える。建築物についていえば，昭和56年の建築基準法改正による新耐震基準以前の建築物の被害が大きかったことから，こうした建築物の耐震診断と必要により耐震改修をすることが大地震対策の経営者の最優先事項である。

　阪神・淡路大震災の時は，朝5時46分と会社が仕事をしていない時に大地震が発生したので，会社での被災者はほとんどなかったが，もし昼間仕事をしている時間帯に大地震が起きたとしたら，会社での被災者が相当出たであろうことは想像にかたくない。したがって仕事をしている昼間に大地震が起こり，従業員が被災することがあり得ることを考えておかなければならない。その時は建物自体が壊れたりしなくても，オフィスにある書類棚とか機器類の転倒などによる被害の防止も必要である。OA化が進み執務室は整理・整頓がされていてかなり以前のように執務室が乱雑で，地震に対して室内調度品等による被害が防げるようになっていることも多いが，中小企業などではそこまでOA化が進んでいないところもまだある。

　経営が苦しい状況にあっても必要最小限の建物のすじかいとか，書籍書類等の落下防止措置を専門家などに相談して経費のかからない方法から施しておくことを勧めたい。また貸ビルによって事業をしている会社もビルのオーナーと話して社員を守り，会社を守るための耐震等を講じておくべきである。

　耐震補強がすんだ建築物については，さらに地震保険をかけることを検討することをお薦めしたい。国が再保険をしているため住宅については料率も分かりやすく決められて保険をかけやすい仕組み

ができ上がっているが,非住宅については国の再保険がなく,しかも地震国日本の再保険料率は高いこと,さらに料率が均一ではないこと等,その加入はきわめて敷居が高い。しかも耐震性が劣る物件は当然割高となって,なかなか地震保険に加入するのは困難といえる。

　昭和57年以降の新耐震基準によって建てられた建築物や耐震補強がすんだ建築物は耐震性があるとはいうものの,耐えうる基準を上回った地震が起きないという保証もないことを考えたり,また新耐震基準によって建てられた建築物といえども,阪神・淡路大震災では6％程度は壊れたことを考えたりすると,保険をかけておくという選択肢は除いておかないほうがよいと考えられる。

(3) 地 震 保 険 ● ● ●

　オフィスや工場などの耐震性の確保が大切であることは第5章の耐震建築（非住宅）の所で述べた。これで基本的には大地震によって建築物が損壊するおそれはなくなっているといえるのだが,場合によってはさらに大きな地震がおきるかもしれないし,建物自体の構造が安全であっても天井や壁のボード（板）などが損害を受けたり什器備品が被害を受けることは当然考えておかなければならない。したがって会社としては,それに対する備えとして地震保険をかけておくことはリスク管理上忘れてはならない。

　こうした企業分野の地震保険は家計部門の住宅の地震保険と同様,火災保険とのセット契約であるのであるが,その他の点では住宅の地震保険とはかなり異なっている。簡単にいえば,一律の基準によって決めるのではなく個別の契約によって決めるということから,保険料率や保険金額や支払い方法などが住宅のようにあらかじめは明確に分からず,個々の契約で決めていくものなのである。

その違いを簡単に説明すると
① 住宅保険では，保険の限度額が建物は5,000万円，家財が1,000万円までとされているのに，企業関係は限度額はなく個々の契約で決められていく
② 住宅保険の保険料率は，統一の料率（もっとも地震の起こる確率が地域によってことなるので，料率は地域によって異なるが）によるのに，企業関係はこれも個別に契約で決めていく
③ 住宅保険の損害額の査定方法は簡素化され，全損，半損，一部損と3段階で査定されるが，企業関係は実損害額をチェックして査定する
④ 住宅保険は国が再保険をしてるが，企業関係は国の再保険はなく，世界のマーケットで再保険を調達して保険支払いのリスクを分担してもらっている

もともと保険を掛けようとするビルや工場自体千差万別であり，物件自体が住宅のように定型化しやすいとはいえないこともあって，きわめて個別性の強い契約になっている。しかも契約方法も支払い限度額を決めて契約するので，仮にビルが全壊した場合その保険支払額ではビルの再建費用はまかなえないといえる。

わが国では地震が多い国でありながら地震保険の加入率は高くない。企業分野でも特に中小企業ではきわめて加入率が少ないと言われている。しかし，
① 建物がかりに全壊したとしてその再建費用を填補出来なくても，被災後に諸費用が必要になる場合があることを考えると，被災後の当座の費用として使用するという考え方で，年々保険料を支払っておくことは考えておく価値があること
② 建物が全壊したり，耐震性上大事な構造部分が壊れたりしない場合で，壁や天井などのボード（板）が落ちたり破損したり，

什器備品が壊れたりした場合，その実損害額は保険金が支払われること

から，会社として，一定金額を地震保険として年々支払っておくことはリスク管理として重要と認識しておくべきだろう。また，この経費は損金として落とせることも考慮にいれておこう。

　最近，賃貸ビルのオーナーが貸し主として地震保険が掛けてあることを借り主に積極的に説明して契約をするという事例を聞くことがあるが，地震の多い地域では，借り主も地震保険がついたビルに入居契約をする人が増えてきているとも見てとれる。したがって，オーナーとしてもお客に入居してもらうためにも好ましいし，地震が起きた時に被害を受けた時の備えとして地震保険を付けることが増えていくように思える。

（4）　会社と個人

　会社を支えているのは社員である個人である。広くいえば社員の家族も含まれているといえる。会社と社員は労働条件などで対立することも当然あるが，良好な関係も会社の発展のためには不可欠のことである。

　阪神・淡路大震災の際の被災企業の手記や私がヒアリングをした被災企業（いずれもその後再建した企業であるが）で受けた印象は，会社と社員の結び付きがきわめて強いことを感じさせられる。会社が危機にさらされた時，特に予想もしていなかった大地震が起きたとき，社員の会社に対する忠誠心はきわめて強かったと感じられる。自分や家族の安否が確認されるや，家族・親類が被災していても妻などの家族にそれを託して会社へ駆けつけてくれたというのが，おおかたの経営者の意見であったといえよう。

　日本ではこうした会社のために尽くす"会社人間"という風土が伝統的に根付いてきたことの当然の結果かも知れない。特に日頃か

ら家族共同体のような仕事をしている中小企業の場合は，その傾向が強かったといえる。中小企業の経営者の実感として，日頃から頼りになるなと思っていた社員がやはり一番に駆けつけてくれたこと，頼りがいのある社員がこうした危機の時には力を発揮してくれて，会社を再建していくためにどんなに役立ったか分からないという意見には頷くこと大であった。やはり会社は，"人は石垣，人は城"なのである。危機を乗り切るには，知恵と気力のあるマンパワーが多ければ多いほど被災から受けたダメージを迅速に克服して営業が展開できるからである。

1） 経営者としての頭の整理——会社か人の道か

大地震が起きて会社も被災し，その従業員あるいはその家族も被災者である場合，会社はあるいはその従業員はどういう行動をとったらいいのであろうか。

結構厳しい判断を求められる場合が多いと考えられる。従業員が被災を免れてもその奥さんやおじいさん，おばあさん，子供達が死亡したり，がれきの下に埋まったりしていた場合，その救出やあるいは後始末を優先せざるを得ないだろうが，家族の人命は無事だとしても，家が壊れてしまったりした場合など，善後策を講じなければならないだろうから，家庭と会社のはざまで苦しむことになる。

わが国は所謂"会社人間"などという言葉に代表されるようにFor the Company 意識が強いように思える。個人の成績がその収入につながるプロ野球の世界でも For the Team が日本では特に強く求められているように，日本人の DNA の中には，会社など自分の所属する団体や団体行動を重視する考え方が，刷り込まれているように思える。

最近は昔ほどそういう意識は弱まってきているようにも思えるが，阪神・淡路大震災の際の手記をみても，また私自身が被災中小企業の経営者のお話を聞いた時も，従業員が自分の家が被災していても，奥さんなどの家族に後事を託して会社にかけつける人がきわめて多

かったというお話を聞くと，従業員の意識には根強い会社への帰属意識が強いということを改めて感じさせられる。しかも会社の立ち直りのためにはこの従業員が頼りだと思っている社員は，経営者の願っている通りに被災した会社への手伝いに駆け付けてくれたというお話を聞いてその実感を強めたのである。

　こういうことからいえることは，大地震が起きて会社が被災した時に会社として社員への招集をどういう基準で行うかを決めておくことは当然であるとして，その社員の自宅や家族が被災した際の対処の仕方も決めておくことは大切である。

　少し余談になるが，2005年4月に起きた**JR西日本の尼崎脱線事故**の時に，コンプライアンス問題として提起されたことについて触れておきたい。

　コンプライアンスは，一般的には**法令順守**といわれているが，"命令に従う"という訳語が使われている。会社員であれば会社の業務に関するいろいろな法令を守らなければならないとともに，会社が決めている就業規則などの決まりにも従わなければならず，これをおかすと世間から非難を浴び，ひいては会社の信用や会社の存廃までにもかかわるとされていることである。最近どの会社でも，コンプライアンス委員会を社長などの最高経営責任者が委員長となって，コンプライアンスを社内で徹底させているのである。

　ところで尼崎の事故の時，死傷者が出て，電車と建物の間にはさまった乗客の救助で現場が混乱している時に，JR西日本の社員が現場を通りかかったが，そのまま通り過ぎて電車に乗って職場に向かったことが批判の対象となった。乗客が被害に遭い，現地近くの人達が工場などの従業員を含めて救助活動をしているのに，事故を起こした加害者の立場にあるJR西日本の社員が救助活動をせずに通勤したというのが批判の対象となったのである。確かに就業規則では所定の時間までに会社へ出勤することが決められているから，

その点では就業規則を守るというコンプライアンス問題は生じないが、自分の会社の起こした事故に乗客を救助しなければならない状況で、しかも他所の人が救助活動をしているのに何ら救助活動をせずに通り過ぎたからであった。

この問題はコンプライアンス問題として、コンプライアンスの意味を単に決められた法令とか会社の規則といったものの遵守というばかりでなく、常識に合致した行為をなすべき時に為すという意味であることを教えてくれたのであった。

翻って、大地震が起きた時に被災した人々が救助を求めている、あるいは救助活動をしなければならない時に、"会社人間"としての社員はどういう行動をとるべきであろうか。これも会社としての方針は決めておくべきであろう。

最近のわが国の経済社会の状況を見ていると、従来からの会社人間といった観念を育んでいた、退職年齢まで勤務するとか正社員制度といった従来型の仕組みが、転職が多くなり、契約社員、派遣社員などの新しい雇用形態が増えてきているため、従業員の会社へのロイヤルティが変化してきているので、阪神・淡路大震災当時と同じような状況にはならないかもしれない。経営者としてもそういったことは念頭に置いて考えていかなければならないだろう。

2） 安否確認

大地震が起きた時初めにすることが社員の安否確認である。あわせて出社の可否についても確認がなされる。安否確認と出社の確認については第3章通信の項で述べているが、安否確認の取り組みはかなりの会社で実施に移されているのが実情だ。いずれにしても通信回線を使用するため、輻輳問題は避けて通れないことは念頭においておかなければならない。

社員から会社への連絡をするシステムとしてインターネットを利用している場合は、回線が混んでいても時間の経過とともに伝達す

ることとなるので，信頼はおけると考えてよいが，急ぎの場合などは携帯伝言板ダイヤルや公衆電話も使用することをあらかじめ決めておくことも考えておくとよい。

なお，最近個人情報保護についての観点から，社員の家族，契約社員，派遣社員の安否確認を会社として行うことには問題があり，避けなければならないことには留意しておかなければならない。

出社の可否について付言しておくと，社員の多い企業の場合に会社の被災の程度によって，また鉄道の不通や道路の混雑によって通勤時間が著しくかかるような事態の場合は，緊急な用務の社員をのぞいて，一定期間自宅待機という決定をすることも考えておくべきであろう。実際に大手企業では，そうしたことを内々決めているところもあるようだ。また帰宅困難者対策のところで，大手ゼネコンの「**帰宅時間シミュレーションシステム**」について述べたが，大震災時には通勤時間が近いところにある支店や事業所へ出勤して仕事をするというアイディアも，BCPとしては有効な1つの方法であるといえよう。

会社と社員の関係では，阪神・淡路大震災で再建した被災企業の手記の中から気がついた事項を2つ挙げておくこととしたい。

1つは，被災した社員に対して**見舞金**を出した例である。見舞金をもらった被災者数や被災の程度，見舞金の額については明らかにされていないが，被災者としては家族共々ショックを受け，会社もさることながら自分の家の再建も図らなければならない状況におかれ，経済的にも心理的にも苦境に立たされていたのであるから，会社としての温情をこうした形で示すというのは，被災社員も家と会社の再建に取り組もうとする気持ちに力を添えたと考えてよい。

2つ目は，会社の再建に熱心に取り組んでくれた社員に対して，

その功労に報いて**感謝状と金一封**を出したなどといったことは，ある意味で自然なこととも思われるが，経営陣としてもそうした心得を忘れないようにして，震災後の事業再建に取り組むことに示唆を与えてくれていると考えておくべきだろう。

（5） バックアップ体制 ● ● ●

大震災によって本社，支店，工場などの会社の施設が被災し使用不能になった時の備えは，BCPとしても重要事項の一つである。基本は，バックアップ体制を整えておくことに尽きるといえよう。

1） 本　　社

本社は会社の中枢機能であるから，建物について地震に対する備えをしていることが多いと思われるが，充分な備えをしていない場合もあるし，備えをしていても予期せぬ被害を受けることがないとはいえない。

本社が東京とか大阪といった離れた場所に複数ある場合は，被災しなかった本社がバックアップして本社機能を発揮することは，神戸製鋼の例でも有効であったことが実例としても存在している。しかし多くの企業，特に中小企業では，本社が1つであることがほとんどであるから，本社機能をどこで果たすかをあらかじめ決めておくことは大切である。要点は，社員が集まりやすい場所とすることである。支店，事業所，工場などが比較的本社に近い所にある場合は，被災していなければそこに本社機能を移すというのも実際的である。阪神・淡路大震災においても神戸の北に接している三木市の工場に本社を移して事業継続を図った例がある。

そうした会社のブランチが近くにない場合や，もともとブランチがない場合は近くに空いている建物（オフィス，倉庫，工場等）を探して，そこで仮の本社を置いて事業継続を図っていくこととなる。しかしこれには"早い者勝ち"の気持ちで迅速に行動をとらなければならない。阪神・淡路大震災の場合も，被災した中小企業も

被災後直ちに空いている建物を探して確保したことが伝えられている。被災企業の周辺でも，空いている建物自体が被災して使用不能となっていることも多いであろうから，空室探しも迅速な決断と運にも恵まれなければならないともいえる。

また中小企業などで従業員もそれほど多くない，あるいは家族的経営のような会社などでは，被災しなかった役員の自宅で本社機能を果たすという選択もある。

商店街が壊滅的被害を受けた場合には，避難所の生活から商店の再建をしていかなければならないケースも出てくるが，この場合の再建の例は後で述べることとする。

2） 支店，事業所

支店，事業所の被災も，基本的にはバックアップをどこで代替するのかという問題であるが，本店被災に比較して重要度には差がある。本社で代替する案，近くの支店や事業所で代替することで解決できる場合が多いからである。

しかし工場の被災はきわめて重大である。製品の供給がストップするからであり，製品の供給ストップは売上減による会社の収入が減り，経営を直撃するからである。しかも被災したことにより，取引先は被災していない企業から製品を購入することになり，再建方針が明確に打ち出されない限り，今までの取引先を完全に失うおそれがあるからである。

工場が他の地域にある場合は，生産拠点をそこに移すことになろうが，それができない場合は，近くで生産を再開するようにしなければならない。そのための仮工場探しは，本社仮移転のところで述べたように"早い者勝ち"になるおそれがあるので，迅速な決断と行動が必要になってくる。

一つの製品の製造過程には，いくつもの関連会社との結びつきによって製品がつくられている。前に述べたケミカルシューズでも，450社あったメーカーに1,200社の会社が関係していたことが示すよ

うに，他の製品づくりもそれ以上の関係者が携わっているので，仮設工場も今までの工場近くで探さなければいけないという制約条件を忘れてはならないだろう。その意味においては，特に中小企業の場合は公的支援によって作られる仮設工場のような施策が必要となってくる。

　企業は常に競争にさらされている。自らの会社の生存をかけて同業他社との競争をしているのである。しかし，大震災のような危機的状態では，相互扶助作用が働いてくることも忘れてはならない。工場が被災し製品の供給がストップすれば，その製品の供給を前提にして生産している企業が困ることになる。困った企業は他の供給先に供給を依頼せざるを得ない。新たな供給先としては，被災企業の製品を将来的にも供給することを望みたいところであるが，被災企業も早期に操業開始をして生産再開できたら，その後も今までの取引先への納品をしたいと考えるのは当然である。そこでこの3社が話し合いをして被災企業が生産再開するまでの間，製品を供給するという話し合いがまとまったという実例が阪神・淡路大震災の時にあったのである。

　最近では大震災時にこうした**同業他社**との**相互協力**の話し合いが進んでいる業界も出てきていることは注目に値する。

(6) トップの即断即決　● ● ●

　言うまでもないことだが，会社の経営にとって大事なことはトップの決断である。大震災に見舞われた時はなおさらのこと，トップの決断は決定的に大事であり，しかも即断即決が大事である。

　会社が被災していなくても取引先が被災している場合もあり，消費者が被災している場合もあるので，それに対して会社としてどうしたらよいかを考えていくことは当然必要となってくる。正確な意味でのBCPとはいえないが，大震災の際はBCPの一環として考え

ておくべきであろう。

1） 被災状況の把握

大地震が起きた際まず取り掛からねばならないことは、被害状況の把握である。被害状況は本社、事業所などのオフィスや工場といった施設と従業員についての把握である。従業員に関しては安否確認の項で述べたのでここでは繰り返して述べないが、施設については現場からの情報を的確に把握する手はずを整えるようにしておかなければならない。トップが出張中であったり、特に海外出張中だったりすることもあるので、あらかじめトップの代理を決めておくことはBCPの基本原則の一つとなっている。遠くへ出張しているような場合を除けばトップは直ちに本社へ駆け付けることが必要となる。地震直後は情報をすぐに把握するのが難しいので、情報が正確に伝わるまで待ってからという気持ちになりやすいが、無駄になることもあるかも知れないと思っても行動を起こす必要があるのである。例えば自宅が被災し、家族も生死にかかわる被災をしている場合に、会社へ駆け付けられるかはきわめて厳しい状況におかれることになる。市民のために災害対策をやらなければならない公職の責任者ではないものの、会社の従業員の生活を預かっている会社のトップの立居振舞のあり方からいえば、トップが会社へ出てきて現場の状況を把握して陣頭指揮をしていくことがきわめて大切なのである。

2） 即断・即決

被害状況を速やかに把握し、事業の継続や会社の再建に取り掛かることが重要になる。決めていくべきことを並べると次のようになる。

本社、事業所、工場などが被災している場合には

① 会社としての再建の方針決定
② 代替すべき場所（本社、工場など）の決定
③ 取引先の取引継続の交渉

④ 営業活動に必要な交通，輸送方法の決定，等。

こうした方針の決定にあたっては，即断即決が肝要である。会社の再建方針の決定と取引先との営業の継続は早く決めて，その旨を取引先に伝えなければ取引先を失うおそれがあるからである。また被災した施設の代替施設の場所の選定や賃料等の交渉をトップが早く決めていかなければ遅れをとってしまうことになる。

さらに営業活動には移動手段をどうするかも重要な課題の一つであり，取り急ぎバイクや自転車をあらかじめ手配しておくことも必要である。最近では，**バイク**や**自転車**を事前に購入して備蓄している例もあるようだが，阪神・淡路大震災の場合は，在庫があっという間になくなるほどで，ここでも"早い者勝ち"といった現象が起こったのである。また，阪神・淡路大震災の際にバイク，自転車の利用は鉄道の不通や道路の交通マヒできわめて有効であったが，道路自体が地盤がめくれたり，地割れしたり，道路上に釘などの異物も片付けられない状況も続いていたためパンクをすることが多かったと言われている。その意味では**パンク対策**も備えておく必要もあるようだ。

特に，被災の程度が甚大で会社の存続にかかるような事態の時はトップの指導力はきわめて重要であるが，トップが陣頭に立って対策にあたりメッセージを内外にわたって発信することが効果的である。社員が一丸となって再建に向かって一致することになるし，取引先に対しても会社の再建へ向けての力強いメッセージを与えるからである。先に述べた神戸製鋼の例がそのことを如実に示しているといえよう。

BCPに記述するような事項ではないが，困難な時には知恵を出し，実行力のある人間が必要である。現場経験が強いとか，事務能力は劣っていても対外折衝力があるとか，社員の統率力があるとかの能力を有している人材が役立つのであるが，トップとしてはこうした人材を大震災が起こった時に登用することを常日頃から頭にいれて

おいた方がよいだろう。阪神・淡路大震災時においてもこうした話はよく耳にしたのである。

3　ライフライン

　大地震によってライフラインが被災した場合，会社の事業活動にとっても大きな影響を与えることは当然である。ライフラインについては，第2章でライフラインの事業の仕組み，阪神・淡路大震災の被災状況と復旧に至る過程，そしてそこからの教訓がどう生かされているかを述べ，首都直下地震のおそれのある東京におけるライフラインの震災への備えについて述べてきた。そしてそのまとめとして，利用者としての備えに対する考え方を述べてきた。したがってここでは，前述したことに付け加えて知っていた方が望ましいことを述べておくこととする。

　ライフラインが被災した場合は，ライフライン事業者が，公表している復旧期間を目標として必死になって復旧にあたると考えてよいので，会社としては復旧までの間，どうしのいでいくかが問題とされる。すなわち，一定期間備蓄するという考え方を基本にして，それを補う代替手段を考え準備しておくことである。

(1) 電　力

　現代の社会においては，電気なくして何事も機能しないようになっているといって過言ではない。電気が止まれば室内外の照明が消え，水も使えなくなり，通信も切れる場合があり，ガスも電気がないと点火できない仕組みとなっている。コンピュータも使えないし，冷蔵庫も冷蔵冷凍ができなくなり，経済活動はマヒしてしまう。ビルの中には非常電源装置も備えられていて，急場のための電気が供給されることとなっているところもあるが，そうでないビルでは業務が一時的にせよ止まることになる。停電した時にエレベーターも停まってしまうので，エレベーター内に閉じ込められるおそれも

ある。停電の際も非常電源装置が作動して、動いているエレベーターを近くの階で止めてドアを開け、閉じ込められないようにしているビルもあるので、会社としてもエレベーターが停電の際、近くの階まで動いて人々が閉じ込められないようにフェイルセーフをあらかじめ確認しておくことは重要である。エレベーターの管理会社も、いっせいに至るところでこうした事故が起きると、直ちに全ての現場に駆け付けられないことが予想され、長時間閉じ込められてしまうというパニック状態になるおそれなしとしないのである。

　第2章ライフラインの電力のところで述べたように、阪神・淡路大震災の時は、関西電力が総力を挙げて6日間で仮復旧を終え電気の供給をした前例を受けて、東京電力は首都直下地震に備えて6日間で通電する体制を詳細に整えているので、これに信頼を寄せ、最大限6日間通電が停止するかも知れないということを念頭においたBCPの作成を心掛けることがよいだろう。もっとも、電気を使用中に建物の全部または一部被災した場合、電源を消さないでおいたままで通電すると火災をおこす危険がある。これを通電火災と称しているが、通電をする際、電力会社としても確認してから通電するとしているが、利用者としての会社としても自ら通電火災がおきないよう点検しておく必要がある。

（2）ガ　ス

　ガスはほとんどが地中管を通して利用者に送られてくるので、大地震により、どこかで管が被災すれば大きな事故のもとになる。したがって建物の敷地境界にガス栓があって、非常時にはリモートコントロールでガスを停める仕組みになっていることは、既に述べたとおりである。

　オフィスについていえば、電気の使用量と比較すれば、ガスの使用量は多くはないことが多いが、ガスによる温水や熱湯水の利用、あるいは飲食店の入っているビルでは調理用にガスを使用する場合

が困ることになると考えられる。調理用にガスを使用している場合は，大地震の際のガス供給についてチェックしておくことが好ましいが，湯沸かし用などの需要で足りそうな場合はカセットコンロ等の備蓄をしておくことが有効である。

（3） 水道・下水道

第2章ライフラインでは水道と下水道を別々に述べてきたが，利用者サイドから見れば，水道は給水，下水道は水道水の排水という関係にあることが一般的であるから，ここでは一緒に述べることとしたい。

水道も利用者へは地中管を通して供給されるから，その地中管が途中で被災した場合，水道水の利用ができなくなる。阪神・淡路大震災では全てが復旧するまでに90日かかったが，首都直下地震では30日で復旧することが目標とされている。これは被災しない地域もあるが，被災地域では30日間は水道に頼ることができない地域もあることを意味している。人が1日に使用する水道水は大体6リットル程度とされているが，飲料水としては2〜3リットル程度とされている。

ビル用水は一般的には半日分程度貯められているといえるが，屋上にタンクを設置するとその分の重量に耐えられるよう構造を強くする必要があることから，最近ではタンクは地下に置かれ，使用に応じて水を汲み上げるようになってきているビルもあるので，この場合も電気がこなくなると水も出なくなる。また，こうしたタンクを使用しないで直接水道管から汲み上げるようなシステムをとるビルも増えてきているため，水道がこなくなる場合や電気がこない場合には水が使えないおそれもある。したがって水使用に関する建築物の構造をチェックしておき，水への備えを考えておく必要がある。タンクを設置しているビルでも半日から1日程度で回転するようになっているので，長期にわたってビルで水を貯えておくことは現実

的には難しいこととされている。

　大震災に備えて水の備えをしているところでも，1人当たり1日2〜3リットル分を，せいぜい2〜3日位使えるようにしているといわれているので，別の方法も考えておいた方がよいだろう。水が使えない間は業務に携わる社員を必要最小限にするとか，応援給水の場所を探して給水を受けるとか，ペットボトルの購入等の方法がその対策となってくる。

　水道水が使えなくなると直ちに困るのがトイレの使用である。これには簡易トイレを，想定した日数と人数分のものをあらかじめ購入し備蓄しておくことでかなりの効果が期待でき，既にこうした簡易トイレの備蓄を進めている会社が増えてきているようである。

4 交　通

　大地震が起きた際の交通は会社にとってもきわめて大きくのしかかる業務執行上の制約条件となる。まず第1に社員の出退勤の問題，第2に営業活動の時間ロス，第3に製造業や卸売，小売業等の製品，商品の輸送問題に直接関係してくるからである。大都市，特に東京などでは鉄道網が地下鉄を含めてきわめて密に張りめぐらされており，大地震により随所において不通区間がでてくると，道路に頼らざるを得なくなり，道路も被災すると交通はマヒ状態になる箇所が相当数にのぼると考えておかなければならない。

　東京の場合，通勤は基本的には鉄道に頼っているわけであるから，その影響は計り知れない。特に鉄道は仮に1カ所でも，大きな被害を受けた場合でも，その箇所を含む一定範囲の区間はかなりの期間不通とならざるを得ないから深刻である。

　鉄道のところで述べたように，JRについては都内の主要駅で不通区間の表示がすぐに出されることになっているほか，他の私鉄でもマスコミを通じて不通区間が明らかになるので，鉄道ルートの利用の可否は割と早めに知ることができる。

　道路の情報を手に入れることは必ずしも容易ではない。首都高速や東日本高速道路などの大幹線についての情報はマスコミ等を通じて手に入れることはできるが，日常の活動はこうした幹線道路だけを利用しているわけでなく，数え切れないほどの一般道路を利用して日常の業務が行われているからである。

　阪神・淡路大震災の時は道路が大混雑して，救命・救急活動や避難所への飲料水や食料等の緊急物資の輸送に著しく支障をきたした。そうした経験から大地震が起きた際，こうした活動が必要な期間は緊急車両以外の車両の通行を禁止するという仕組みが都市によって

は作られている。

　首都直下地震が起きた際に備えて，第4章交通（144頁参照）で述べたように，都内23区のかなり広い範囲で一般車両の通行を禁止することとされている。これが強力に実施されると，日常の会社の営業活動が一般車両によって展開されていることを考えると，会社のBCPにも大きな影響を与えることが懸念される。

　神戸は六甲山と海に囲まれているため市街地の中心部の面積はそれ程大きくないのだが，東京のようにかなり市街地の面積が拡がっている都市では，日常的に交通混雑している道路を避けて活動していることが多い。東京都区部でいえば道路率が16％と他の都市に比して高いので，迂回したりショートカットしたりして道路を利用することになるのである。時間のロスの少ないルートは実際に走行しているドライバーの口コミに頼ることが多くなるから，会社自体として自社の営業範囲を考慮したうえでの最適ルートを早く選定することが必要となってくる。空いている道路はそれなりに口コミ情報が伝わることも考えておかなければならないが，長距離トラックは日頃から交通が混雑しているか否かをドライバー同士が無線を使って連絡しあっていると言われている。阪神・淡路大震災も第4章交通「3 交通規制」のところで述べたように（138頁参照），吹田―西宮間の高速道路が不通となったため，京都から亀岡を経て中国縦貫道に抜けていったのであるが，この迂回路も渋滞を起こし，米原から敦賀，舞鶴を迂回して中国自動車道に抜けざるを得ないほど交通混雑に陥った。こうした当初の迂回ルートがすぐ交通マヒをおこして次の迂回ルートを通行するようになったのも，長距離トラックのドライバーが連絡しあったことによるものと言われている。

　また最近ではツィッターなどのインターネット上での情報が普及してきているので，こうしたことも考慮に入れておくとよいかもしれない。

　一般道路については交通渋滞の情報を入手することはなかなか難

しい状況になるので，社員の口コミを含めた情報収集が課題となるだろう。その意味ではかなり従業員の多い会社では，前に述べた「帰宅時間シミュレーションシステム」(152頁参照)のようなシステムを作っておくこともいざという時に役に立つように思える。

5　ドキュメントとバックアップ，資金の支払い

　大企業の場合は膨大なドキュメント（書類）が作成され，それを基に事業が進められているから，必要なドキュメントはバックアップをとっておくことは日常業務として当然行われているといってよいだろう。金融機関などでは預金口座の預け入れ，貸し出しのデータは毎日バックアップセンターでも保管され非常時にも備えているし，鉄道や航空などの予約や決済，その他あらゆる事業にITを利用してデータベースが作られ，それによって事業が支えられているのが現代社会である。したがってこうしたデータベースのバックアップをしっかりしておくことはBCPでも重要な事項の一つであるといってよい。中小企業の場合は，大企業のような資本力やマンパワーに欠けているため十分に行いにくい条件下にある。

　阪神・淡路大震災においても支払台帳やドキュメントを入れたフロッピーディスクなどが損壊，焼失したのである。これに対して日銀神戸支店と大蔵省近畿財務局神戸財務所では，被災当日の1月17日に次のような金融特例措置を発表して金融機関に通知した。

　すなわち，預金通帳などを紛失や焼失した場合でも預金者であることを確認して払し戻しに応ずること，届出の印鑑がなくても拇印での支払いに応ずること，事情によっては定期預金等の期限前払い戻しに応ずること等，罹災者に対する便宜措置を図ることとしたのである。そして市中金融機関の店舗が倒壊しているものが多く，これらの便宜措置をする場所がないことから，日銀の神戸支店の部屋をあけてこれらの金融機関の臨時窓口を提供して，1月20日から実施に移した。これによって多くの罹災者が利用することとなったのである。とはいうものの，支払い期日の支払いに苦労を強いられた会社が相当あったようである。期限までに支払いができなかった

第6章　会社としての備え〔5　ドキュメントとバックアップ，資金の支払い〕

り，手形が落とせなかったことにより倒産した企業も出るといった状態となった。倒産した企業のなかには資金繰りができなくなったという企業も当然あったが，支払い関係のデータの損失によって支払いができなかったため，金融機関の取引停止によるものもあったと言われている。支払い猶予に関する特別措置が講じられたとはいえ，会社にとっては支払い遅延，不渡手形などは致命的であるから，そのためのドキュメントのバックアップを怠らないようにしなければならない。

　社員の少ない中小企業の場合は，会社の建物が損壊してしまうと，ドキュメントを保存してあるパソコンやフロッピーディスク，USB自体も損失する場合が考えられる。支払い関係のドキュメントに限らず営業関係での重要なドキュメントのバックアップは，信頼できる役職員の自宅等のパソコンに保存しておくのも一つの方法である。なお，会社からUSBを持参して他の場所で保存するという方法は，それを運んでいる際に置き忘れ等損失するリスクもあり，その場合個人情報の保護といった観点からの問題を引き起こす危険性もあるので避けなければならない。

6　商店街の被災の場合

　阪神・淡路大震災ではたくさんの商店街が大きな被害を受けた。特に被害の大きかった長田区では，3カ所の大きな商店街全体が全壊や全焼により壊滅し，その他の商店街でも多大の被害を受けた。商店街は商店がかたまってできているので，いったん大地震や火災が起きると商店街全体が被災することになるのである。

　商店街の商店のだいたいは小規模商店によって成り立っているので，被災によるダメージは大きいと言わざるを得ない。個々の商店は被災後の再建を考えるが，場合によっては被災から立ち上がれない商店や，後継者難から廃業を決断する商店も出てくる。したがって壊滅的被害を受けた商店街では，商店街として再建を果たすか否かが大きな分かれ目となる。結果的に商店街としての再建ができなかったところもあるが，再建を果たしたところはリーダーを中心として結束しておくことが大切であることを教えてくれている。

　もともと商店街は店舗の上に住宅があって職住近接であり，子供の学校も同じであることが多く，日頃から集まりも多く結束しやすい環境にあることは，商店街の再建にはプラスに働いてくるといえる。それでも個々の商店は，将来の営業に対する不安や再建資金の工面などで再建を断念したり，再建しても廃業したりせざるを得なくなる。長田区の最大の商店街でも，被災前営業していた店舗の半分強しか現在では営業していないという結果となっている。

　こうした商店街の再建には時代にあった商店街づくりのアイディア等を出し合ったり，商店主とその家族の熱意によることが一番であるが，行政等の応援を求めることも必要である。商店街の再建ができるまでの間は，仮設テントによる店舗を作ってそこで営業を継

続することを決めて，市からの財政的支援を受けたり，再開発についても市の事業に組み込んでもらうことなどが必要となってくる。もっとも再開発には権利者の調整などに時間がかかるほか，関係者の利害を調整しなければならないので，個々の権利者の望みが十分反映されないことは念頭においておかなければならない。商店街としても意見が入れてもらえないマイナスの部分もあったのであるが。

7　オフィスの防災用品

　オフィスの防災用品としてはさまざまなものがある。
　調度品の転倒防止，食料，水，ラジオや電灯，その他の防災グッズがたくさんある。これらはインターネットでも多数情報が提供されているし，防災用品を専門に販売している会社もあって，さまざまの防災グッズのカタログも容易に手に入れることができる。オフィスの防災対策に取り組んでいるなかで，それぞれ適したものを選んで備えておくとよいのではないか。その際，防災士という民間資格の制度もあるので，こういう人達に相談することも考えておくとよいだろう。

8　地 震 保 険

　オフィスや工場などの耐震性の確保が大切であることは第5の耐震建築（非住宅）のところで述べた。これで基本的には大地震によって建築物が損壊するおそれはなくなっているといえるのだが，場合によっては更に大きな地震がおきるかもしれないし，建物自体の構造が安全であっても天井や壁のボード（板）などが損害を受けたり什器備品が損害を受けることは当然考えておかなければならない。したがって会社としては，それに対する備えとして地震保険をかけておくことはリスク管理上忘れてはならない。

　こうした企業分野の地震保険は家計部門の住宅の地震保険と同様，火災保険とのセット契約であるのであるが，その他の点では住宅の地震保険とはかなり異なっている。簡単にいえば，一律の基準によって決めるのではなく個別の契約によって決めるということから，保険料率や保険金額や支払い方法などが住宅のようにパターン化されたものではなく，個々の契約で決めていくものなのである。

① 　住宅保険では，保険の限度額が建物は5,000万円，家財が1,000万円までとされているのに，企業関係は個々の契約で決められていく。

② 　住宅保険の保険料率は，統一の料率（もっとも地震の起こる確率が地域によってこととなるので，料率は地域によって異なるが）によるのに，企業関係はこれも個別に契約で決めていく

③ 　住宅保険の損害額の査定方法は簡素化され，全損，半損，一部損と3段階で査定されるが，企業関係は実損害額をチェックして査定する

④ 　住宅保険は国が再保険をしてるが，企業関係は国の再保険ではなく，各保険会社が世界のマーケットで再保険を調達して保

険支払いのリスクを分担してもらっている

もともと保険を掛けようとするビルや工場自体千差万別であり，物件自体が住宅のように定型化しやすいとはいえないこともあって，きわめて個別性の強い契約になっている。しかも契約方法も支払い限度額を決めて契約するので，仮にビルが全壊した場合その保険支払額ではビルの再建費用はまかなえないことが多い。

わが国では地震が多い国でありながら地震保険の加入率は高くない。企業分野でも特に中小企業では極めて加入率が少ないと言われている。しかし，

① 物件がかりに全壊したとしてその再建費用を塡補出来なくても，被災後に諸費用が必要になる場合があることを考えると，被災後の当座の費用として使用するという考え方で，年々保険料を支払っておくことは考えておく価値があること
② 建物が全壊したり，耐震性上大事な構造部分が壊れたりしない場合で，壁や天井などのボード（板）が落ちたり破損したり，什器備品が壊れたりした場合，その実損害額は保険金が支払われること

から，会社として，一定金額を地震保険として年々支払っておくことはリスク管理として重要と認識しておくべきだろう。また，この経費は損金として落とせることも考慮にいれておこう。

最近賃貸ビルのオーナーが貸し主として地震保険が掛けてあることを借り主に積極的に説明して契約をするという事例を聞くことがあるが，地震の多い地域では，借り主も地震保険がついたビルに入居契約をする人が増えて来ているとも見てとれる。したがって，オーナーとしてもお客に入居して貰う為にも好ましいし，地震が起きた時に被害を受けた時の備えとして地震保険を付けることが増えていくように思える。

あとがき

　2年前に『大地震から都市をまもる』を上梓した直後に，信山社の袖山社長，稲葉さんから，"首都直下地震が起きた際どうするか"という課題で取り組んでほしいというご依頼を受けた。そこで，阪神・淡路大震災の時取り組んだ時から保存してある資料ばかりでなく，それに加えて実際に体験した方々，またこれを受けて大地震が起きた時の備えをしてきた方々の生の声をしっかりお聞きしなければいけないと感じて実行に移すことにしたのである。したがって本書はたくさんの方々にお会いして話を聞かせていただき，参考文献やわざわざ作って頂いた現在の震災対策の資料に基づいており，こうした方々にはまず心から御礼を申し上げたい。

　本書を組み立てるにあたって，阪神・淡路大震災で会社の活動が大きく制約を受けた社会インフラ（電気，ガス，水道，下水道，鉄道，道路，通信など）について，被害を防げなかった原因，そしてその後の復旧・復興がどのようになされていったか，被災した会社がどのように大震災から立ち上がっていったのかを調べることから始めたのである。阪神・淡路大震災当時，担当省庁や兵庫県，神戸市から説明のあった資料に比べて，実際当時担当しておられた方々のお話は，やはり現場での体験が込められて実感がひしひしと感じられ，こうしたことをこれから起こりうる大地震に備えようとしている方々にはきちんと伝えていかなければと痛感したのである。

　わが国はどこでも地震が起こる可能性がある。南海トラフで起こる東海地震，東南海地震，南海地震などをはじめ，全国各地で地震が現実に起きていて，それぞれの地域で真剣に地震防災への取り組みが行われているが，なかでも人口の集中が最も多く，国の政治経済の中心である首都での大地震のことを考えると首都直下地震に対してどのような備えをしなければならないかは緊急の課題である。

政府でも首都直下地震についてはかなり詳細な調査がなされ対策を進めている。そこで本書でも首都直下地震に対しての備えについて，社会インフラの公的機関や企業，経団連や商工会議所などの企業団体や企業の方々にお話を伺いまとめたものである。

電力会社，ガス会社，通信・データ会社，鉄道会社，水道・下水道事業を実施する公共団体，そして道路事業を実施する国土交通省・地方公共団体，これらの事業者，研究・調査機関，経済団体，企業と40の官公庁，会社や研究所を訪ねて丁寧にお話をお聞きし，また何回も質問状を出したりして回答をしていただいたことに心から感謝を申し上げたい。具体的な名前を書いて御礼を申し上げなければならないのだが，あまりにもたくさんなので一人一人のお名前は略させていただいた。

間接的ではあるが，こうしたお話をお聞きした現在防災対策をしておられる方々，また，これまでにおつきあいいただいていた国土交通省などの中央省庁の方や神戸市の方々にも仲介の労をおとりいただいたことにも御礼を申し上げたい。

本書に取り組んでいて特に意を用いたことの一つに，我々の経済活動や生活を支えている社会インフラについて，我々自身も知識を持つことの大切さである。現代は高度に技術が進み，かつ，専門化しているため日常何不自由なく使ったりしているものが，どのようにして作られ，どのような仕組みになっているかはほとんど知らないまま過ごしている。かなり昔の自給自足の時代と違ってきわめて便利な時代に生きているわけだが，いったん何らかの理由で使えなくなると，全く手に負えず，いっぺんに困ってしまうことになりかねない。日頃使っているものについて無知であるため自分で直すこともできず，プロに直してもらわなければならない。

したがって大地震が起きた時にライフライン等の社会インフラが利用できなくなった時に，どういう理由で利用できなくなっている

のか，復旧の見込みをどう予測しておけばよいのか，これらを理解しておくと，BCPを作るうえでもきわめて有意義な参考になると考えるのである。

　また痛感したのは，震災対策には情報開示が重要だということである。阪神・淡路大震災の経験に基づいて社会インフラの施設の耐震化を進めるにあたっても，施設そのものの数量が膨大であり，かつ，かなり昔に作った老朽化施設もあったりして，その耐震化を進めていくためには予算の制約もあり，なかなか理想的にはいかない。そのことを公にすることはある意味では利用者に不安を与えるという側面もある。しかし逆に，それをむしろ公にすることによって，それぞれの社会インフラの事業者が目標意志を鮮明にすることによって，目標に向けて努力することを自らに課し，結果的に震災対策が進むこととなることを見逃してはならない。

　本書を脱稿後，東日本大震災が発生した。マグニチュード9.0という世界で4番目の大きな地震であることのほか，大津波による被害が広域にわたって発生したことはまさに衝撃的であった。本書は大津波のなかった阪神・淡路大震災を検証し，その教訓を生かすということを目指しているため，大津波についての論述はしていないが，社会インフラの被害状況，安否確認などの連絡方法，東京などでの帰宅困難者対策などについては，本書で論述していることの比較もしていただけるのではないかと思っている。またこうした新たな経験を受けて，いずれ来る首都直下地震への備えを一層真剣に考えていかなければならないことを我々に突き付けられているといえる。首都直下地震に限らず，全国各地で地震に備える方々とともに，さらに備えを深めていかなければならないと思っている。
　　2011年5月

三井康壽

【参考文献】

1. 「阪神・淡路大震災関係資料」（1999年3月，総理府，阪神・淡路復興対策本部事務局）
   第2編　緊急対策　緊急輸送ルート，ライフライン，水道，鉄道，道路，中小企業対策
   第6編　法制度改正　災対法一部改正（交通規制）
2. 「阪神・淡路大震災の復興・復旧の状況について」（兵庫県，2010年12月）
3. 「阪神・淡路大震災誌——土木施設の地震災害記録」（兵庫県，1997年1月）
4. 「阪神・淡路大震災神戸復興誌」（神戸市，2000年1月）
5. 「阪神・淡路大震災—神戸市の記録1995年」（神戸市，1996年1月）
6. 「阪神・淡路大震災における火災状況　神戸市域」（㈶神戸市防災安全公社／東京法令出版，神戸市消防局編集，1996年8月）
7. 「阪神・淡路大震災　復興記録」（関西電力㈱，1995年6月）
8. 「153時間阪神・淡路大震災応急送電の記録（VHSビデオ）」　企画：関西電力㈱，製作：毎日映画社
9. 「特集自然災害対策の動向」　電気評論（2008年9月号）
10. 「阪神大震災　ガス復旧の軌跡」（大阪ガス㈱，1995年7月）
11. 「阪神・淡路大震災被害・復旧記録」（大阪ガス㈱，1996年3月）
12. 資源エネルギー庁監修『ガス地震対策検討会報告書』（ガス事業新聞社，1996年3月）
13. 『水道施設耐震工法指針・解説（1979年版）』（㈳日本水道協会）
14. 『水道施設耐震工法指針・解説（1997年版）』（㈳日本水道協会）
15. 『水道施設耐震工法指針・解説（2009年版）』（㈳日本水道協会）
16. 『阪神・淡路大震災水道復旧の記録』（神戸市水道局，1996年2月）
17. 「東京水道長期構想STEP II」（東京都水道局，2006年11月）
18. 『下水道施設地震対策指針と解説（1981年版）』（㈳日本下水道協会）
19. 『下水道の地震対策マニュアル（2006年版）』（㈳日本下水道協会）
20. 「阪神・淡路大震災における神戸市下水道施設の被害と復旧・復興の記録」（神戸市建設局，1998年10月）

21. 「震災10年下水道の復興とさらなる飛躍」（神戸市建設局，2005年1月）
22. 「東京都の下水道2009」（東京下水道局，2009年11月）
23. 「経営計画2010」（東京下水道局，2010年2月）
24. 運輸省鉄道局監修，鉄道総合技術研究所編『鉄道構造物等設計標準・同解説（耐震設計）』（丸善，1999年）
25. 運輸省鉄道局監修，阪神・淡路大震災鉄道復興記録編纂委員会編『よみがえる鉄路――阪神・淡路大震災鉄道復興の記録』（山海堂，1996年5月）
26. 村田修・市川篤司「地震と鉄道構造物」鉄道総合技術研究所報告，1995年11月
27. 市川篤司「構造物の耐震性能を向上する」第19回鉄道講演会
28. 佐藤勉「鉄道構造物の耐震設計の変遷」2009年8月
29. 館山勝「地震に備える」第22回鉄道講演会
30. 西村昭彦「耐震設計の変遷と大地震の教訓」鉄道総合技術研究所報告，1995年11月
31. 松本信也他「構造物変位制限標準の概要」鉄道技術研究所報告，2006年12月
32. 「特集：地震から鉄道システムを守る」RRR64巻1号（2007年1月）
33. 「新潟県中越地震新幹線脱線シミュレーション解析」鉄道総研報告特別第52号（2008年12月）
34. 西村昭彦「耐震設計標準の概要――新しい耐震設計の考え方」鉄道総研報告25巻5号（1999年2月）
35. 野末道子・土屋隆司「ダイヤ乱れ時における駅員向け情報配信システム」鉄道総研報告21巻4号（2007年4月）
36. 山本俊六・佐藤新二「鉄道における早期地震警報システムの変遷」RRR67巻3号（2010年3月）
37. 土屋隆司・野末道子「駅員・乗務員の旅客案内を支援する」RRR64巻11号（2007年11月）
38. 関雅樹「東海道新幹線の技術開発――最近の地震対策の取組み」土木技術65巻2号（2010年2月）
39. 「東急グループCSR活動報告2010」（東京急行電鉄㈱）

40. 『道路橋示方書・同解説　Ⅴ耐震設計編』（日本道路協会，1980年5月）
41. 『道路橋示方書・同解説　Ⅴ耐震設計編（改訂版)』（日本道路協会，1990年2月）
42. 『道路橋示方書・同解説　Ⅴ耐震設計編（改訂版)』（日本道路協会，1996年12月）
43. 『道路橋示方書・同解説　Ⅴ耐震設計編（改訂版)』（日本道路協会，2002年3月）
44. 『道路震災対策便覧（震前対策編）平成18年度改訂版』（日本道路協会）
45. 「大震災を乗り越えて――震災復旧工事誌」（阪神高速道路公団，1997年9月）
46. 『阪神高速神戸線復旧への軌跡』（日刊建設工業新聞社，1997年9月）
47. 屋久哲夫『その時最前線では「交通規制は魔法ではない！」』（東京法令出版，2000年1月）
48. 海老剛行他「地震時道路ネットワーク被災予測システムの開発」 電力土木346号（2010年3月）
49. 兵庫県中小企業家同友会編『阪神大震災物語』（中外書房，1995年10月）
50. 「駆け抜けた1年」（神戸商工会議所，1996年5月）
51. 「創造的復興をめざして　復興基金10年の歩み」（㈶阪神・淡路大震災復興基金，2006年3月）
52. 「NIROのあゆみ　その10年　1997～2007」（㈶新産業創造研究機構，2007年4月）
53. 「神戸市商店街連合会50周年史　戦災・震災を乗り越えて半世紀」（神戸市商店街連合会，2001年3月）
54. 『都市政策　第81号』（㈶神戸都市問題研究所，1995年10月）
55. 『都市政策　第87号』（㈶神戸都市問題研究所，1997年4月）
56. 『都市政策　第98号』（㈶神戸都市問題研究所，2000年1月）
57. 『都市政策　第116号』（㈶神戸都市問題研究所，2004年7月）
58. 関満博・大塚幸雄編『阪神復興と地域産業』（㈱新評論，2001年1

月)
59. 『阪神大震災　その時企業は』（日本経済新聞社，1995年4月）
60. 『阪神大震災　日銀神戸支店長の行動日記』（日本信用調査㈱出版部，1995年12月）
61. 日本建築学会編『建築ストック社会と建築法制度』（技報堂出版，2009年8月）
62. 「首都直下地震対策大綱」（中央防災会議，2005年9月）
63. 「首都直下地震被害想定」（中央防災会議，平成17年2月）
64. 「首都直下地震応急対策活動要領」（中央防災会議，2006年4月）
65. 「「首都直下地震応急対策活動要領」に基づく具体的な活動内容に係る計画」（中央防災会議，2008年12月11日）
66. 「首都直下地震非難対策等専門調査会報告」（中央防災会議首都直下地震避難対策等専門調査会，2008年10月）
67. 「報告「首都直下地震にいかに備えるか」——企業努力と行政・地域との連携強化に向けて」（㈳日本経済団体連合会，2009年3月）
68. 「事業継続ガイドライン(第2版)」　内閣府防災担当ホームページ
69. 「中小企業BCP策定運用指針(第1版)」　中小企業庁ホームページ
70. 「中小企業BCPガイド」　中小企業庁
71. 「中小企業BCPステップアップガイド」　NPO法人事業継続推進機構ホームページ
72. 「災害に備えよう！みんなで取組むBCP（事業継続計画）マニュアル　東京版「中小企業BCPステップアップガイド」」（東京商工会議所，2009年11月）

索　引

あ 行

安全運転の点検 …………………… 101
安否確認 ……………… 28, 89, 94, 151,
　　　　　　　　　　　　166, 171, 181
171番 ………………………… 89, 94
逸脱防止 ……………………………… 108
逸脱防止ストッパ ………………… 111
いつでもじゃぐち ……………… 51, 52
web171 ………………………… 88, 89
SI 値 ……………………………… 33
応急給水 …………………………… 47, 50
応急送電 …………………… 23, 25, 25, 28
応急復旧 ………………… 47, 49, 65, 71
応急復旧目標 ……………………… 28
OA 機器の被害状況 ………………… 90
OA 機器の復旧期間 ………………… 90
折り返し運転 ……………… 114, 115

か 行

ガス供給システム ………………… 31
ガス事業 ……………………… 13, 31, 72
ガス事業法 ………………………… 31
仮設トイレ ……………… 68, 73, 78
仮復旧 …………………… 23, 26, 64, 64
関東大震災 ……………… 1, 67, 120
帰宅困難者対策 ……… 98, 152, 153, 182

帰宅時間シミュレーションシステム
　………………………… 152, 182, 195
給水拠点 ………………… 55, 56, 77
供給監視体制 ……………………… 36
供給停止システム …………… 37, 37
供給の監視 ………………………… 28
切替送電 ………………… 26, 27, 28
緊急交通路 ………………… 134, 147
緊急自動車 ………………… 141, 142
緊急通行車両 …………………… 134
緊急物資輸送ルート ………… 147
緊急輸送車両 …………………… 140
緊急輸送道路 …………………… 133
緊急輸送ルート ……………… 140
クラウディング・コンピューティ
　ング ……………………………… 92
下水道事業 ………………… 69, 72
下水道法 …………………………… 58
建築基準法の新耐震基準 …… 66, 159
公共下水道 ………………… 58, 68, 69
交通規制 …………………………… 98
神戸市でのライフラインの復旧
　状況 ……………………………… 7
合流式（下水道） ………………… 58

さ 行

災害対策基本法 ……… 98, 139, 140, 142

211

災害用伝言ダイヤル（171番）……88
最大加速度……………………33, 34
自助，共助，公助……………72, 152
地震計システム………………36, 37
地震保険…………175, 176, 177, 178
システム耐震化………………53, 65
首都直下（型大）地震…3, 5, 9, 11, 29,
　　　30, 52, 56, 70, 72, 86, 134, 136,
　　　143, 147, 149, 165, 189, 194
首都直下地震避難者対策専門調査
　　会……………………………134, 149
新耐震基準……………………175, 176
水道供給システム…………………43
水道事業……………………………72
水道事業者…………………………43
水道法………………………………43, 45
せん断破壊……………………110, 118
せん断破壊先行型……………110, 114
早期地震警報システム………106, 107,
　　　　　　　　　　　　　108, 115, 119
早期地震警報システム（テラス）…113
送水管ネットワーク………………53

　　　　た　行

代替輸送………………………102, 101
耐震改修………………67, 161, 162
耐震改修………………………163, 175
耐震性………………21, 26, 53, 118,
　　　　　　　　　162, 175, 176, 177
耐震性能………48, 49, 66, 66, 105, 123
耐震設計………………………31, 34

耐震（設計）基準（指針）（電気）
　　………………17, 18, 21-23, 26, 27
耐震設計基準（指針）（ガス）
　　……………………………31-33, 38
耐震基準（耐震工法指針）（水道）
　　……………………………45, 48, 49, 53
耐震基準（地震対策指針）（下水
　　道）………………………61, 65, 69
耐震基準（電気通信）………80, 84, 85
耐震設計基準（鉄道）……99, 103-106
耐震補強……23, 67, 103-105, 109-111,
　　　　　　　114, 117, 118, 125, 127,
　　　　　　　　　130, 133, 175, 176
脱線防止……………………………108
脱線防止ガード……………………111
地域防災計画………………………68
中継伝送路の多ルート化…………84
超高密度リアルタイム地震防災シ
　　ステム（SUPREME シュープ
　　リーム）…………………………41
通行禁止区域………………………142
通信ネットワーク…………………84
鉄道の復旧…………………………101
電気（力）事業……………13-15, 72
電気事業法…………………………13
電気通信システム…………………79
電力供給システム…………………13
東海地震………………………3, 108, 129
東南海地震……………………………3
道路交通法……………………98, 139, 140
道路示方書耐震を含む………120, 122,

索　引

123, 131
都政のBCP（地震編）……… *7, 71*

な　行

南海地震……………………… *3*
24時間監視体制……………… *85*
ネットワーク幹線…………… *67*

は　行

阪神・淡路大震災…… *1, 3, 5, 7, 11, 17,*
19, 21, 26, 31, 32, 36, 37, 39, 40, 44,
45, 48, 49, 61, 62, 65, 67, 68, 72, 73,
75, 76, 78, 82, 84, 87, 94, 98–100,
103–105, 107, 108, 113, 117, 120, 122,
125, 126, 130, 137, 141, 147, 149, 157,
160, 163, 165, 166, 174–176, 178, 182,
189, 190, 191, 193, 196
BCP（事業継続計画）……… *7, 9, 11, 12,*
72, 94, 153, 165, 166, 167, 168,
183, 185, 186, 187, 194, 196
P波………………………… *106, 113*
S波………………………… *106*

東日本大震災………………… *1, 29, 154*
非常電源……………………… *74*
For the Company 意識………… *179*
輻　輳……………… *82, 87, 93, 94, 181*
振替輸送……………………… *115*
分流式（下水道）…………… *58, 59*
防災士………………………… *200*

ま　行

曲げ破壊……………………… *110, 111*
曲げ破壊先行型……………… *110, 115*
ミュンヘン再保険会社……… *5*

や　行

予備電源……………………… *75*

ら　行

ライフラインの被害率と復旧日数
　………………………………… *7, 8*
ライフライン復旧状況（神戸市）…… *8*
流域下水道…………………… *58, 69*

213

〈著者紹介〉

三井康壽（みつい　やすひさ）

政策研究大学院大学客員教授
工学博士（東京大学）
1963年東京大学法学部卒業。建設省入省。同省都市局都市計画課，区画整理課を経て熊本県政策審議員（天草大災害復興担当），1992年建設省住宅局長，1995年国土事務次官兼総理府阪神・淡路復興対策本部事務局長，2000年建設経済研究所理事長

著書

「都市計画法の改新」『土地問題講座③土地法制と土地税制』（共著，1971年，鹿島出版会）
『防災行政と都市づくり』（2007年，信山社）
『大地震から都市をまもる』（2009年，信山社）

〈現代選書4〉

首都直下大地震から会社をまもる

2011（平成23）年6月10日　第1版第1刷発行

著　者　三　井　康　壽
発行者　今井　貴・稲葉文子
発行所　㈱信　山　社
〒113-0033　東京都文京区本郷6-2-9-102
電　話　03（3818）1019
FAX　03（3818）0344
info@shinzansha.co.jp
出版契約 No.2011-3284-0101　printed in Japan

Ⓒ三井康壽, 2011. 印刷・製本／亜細亜印刷・渋谷文泉閣
ISBN978-4-7972-3284-4 C3332
2011-06-10-1版 -1刷 /3284-012-022-020-002：P2000E
NDC 分類323.936d004

「現代選書」刊行にあたって

　物量に溢れる、豊かな時代を謳歌する私たちは、変革の時代にあって、自らの姿を客観的に捉えているだろうか。歴史上、私たちはどのような時代に生まれ、「現代」をいかに生きているのか、なぜ私たちは生きるのか。

　「尽く書を信ずれば書なきに如かず」という言葉があります。有史以来の偉大な発明の一つであろうインターネットを主軸に、急激に進むグローバル化の渦中で、溢れる情報の中に単なる形骸以上の価値を見出すため、皮肉なことに、私たちにはこれまでになく高い個々人の思考力・判断力が必要とされているのではないでしょうか。と同時に、他者や集団それぞれに、多様な価値を認め、共に歩んでいく姿勢が求められているのではないでしょうか。

　自然科学、人文科学、社会科学など、それぞれが多様な、それぞれの言説を持つ世界で、その総体をとらえようとすれば、情報の発する側、受け取る側に個人的、集団的な要素が媒介せざるを得ないのは自然なことでしょう。ただ、大切なことは、新しい問題に拙速に結論を出すのではなく、広い視野、高い視点と深い思考力や判断力を持って考えることではないでしょうか。

　本「現代選書」は、日本のみならず、世界のよりよい将来を探り寄せ、次世代の繁栄を支えていくための礎石となりたいと思います。複雑で混沌とした時代に、確かな学問的設計図を描く一助として、分野や世代の固陋にとらわれない、共通の知識の土壌を提供することを目的としています。読者の皆様が、共通の土壌の上で、深い考察をなし、高い教養を育み、確固たる価値を見い出されることを真に願っています。

　伝統と革新の両極が一つに止揚される瞬間、そして、それを追い求める営為。それこそが、「現代」に生きる人間性に由来する価値であり、本選書の意義でもあると考えています。

　　　2008年12月5日　　　　　　　　　　　　　　　　信山社編集部

塩野宏　編著
日本立法資料全集
行政事件訴訟法　1〜7

芦部信喜・高橋和之・高見勝利・日比野勤　編著
日本立法資料全集
日本国憲法制定資料全集

(1) 憲法問題調査委員会関係資料等
(2) 憲法問題調査委員会参考資料
(4)-Ⅰ 憲法改正草案・要綱の世論調査資料
(4)-Ⅱ 憲法改正草案・要綱の世論調査資料
(6) 法制局参考資料・民間の修正意見

続刊

信山社

昭和54年3月衆議院事務局 編

逐条国会法

〈全7巻〔＋補巻（追録）【平成21年12月編】〕〉

◇ **刊行に寄せて** ◇
　鬼塚　誠　（衆議院事務総長）
◇ **事務局の衡量過程Épiphanie** ◇
　赤坂幸一　（広島大学法務研究科准教授）　所属は刊行当時

衆議院事務局において内部用資料として利用されていた『逐条国会法』が、最新の改正を含め、待望の刊行。議事法規・議会先例の背後にある理念、事務局の主体的な衡量過程を明確に伝え、広く地方議会でも有用な重要文献。

【第1巻～第7巻】《昭和54年3月衆議院事務局 編》に〔第1条～第133条〕を収載。さらに【第8巻】〔補巻（追録）〕《平成21年12月編》には、『逐条国会法』刊行以後の改正条文・改正理由、関係法規、先例、改正に関連する会議録の抜粋などを追加収録。

―――――――― 信山社 ――――――――

公益財団法人 **旭硝子財団** 編著　　　¥1000（税込）

生存の条件
生命力溢れる地球の回復

地球温暖化、生物多様性の喪失など、地球環境問題を易しく説明した、これから最新の環境問題と対策を考えるための必読の書。一般の方々、企業で環境対策を担当する方々などに向けた、ビジュアルで分かり易く編集された、待望の書籍。

竹内一夫 著

不帰の途 ―脳死をめぐって

上製・432頁　本体3,200円（税別）　ISBN978-4-7972-6030-4 C3332

わが国の「脳死」判定基準を定めた著者の著者の"心"とは

医療、生命倫理、法律などに関わる方々必読の書。日本の脳死判定基準を定めた著者が、いかなる考えや経験をもち、「脳死」議論の最先端の途を歩んできたのか、分かり易く語る。
他分野の専門家との対談なども掲載した、今後の日本の「脳死」議論に欠かせない待望の書籍。
学問領域を超え、普遍的な価値を持つ著者の"心"を凝縮した1冊。

信山社

防災行政と都市づくり
―事前復興計画論の構想―
これからの防災・地震対策の礎

三井　康壽 著

定価：本体4,800円（税別）

地震に対しては"備える"こと、さらには事前の復興計画こそが最も大切であることを、阪神・淡路大震災をはじめ幾多の例から検証・提言する。必ずくる災害に備えた都市の改修、防災都市づくりと事前復興計画は、いま行政に求められている最重要課題である。阪神・淡路復興対策本部での貴重な経験と資料に基づく教訓は、行政・市民ともに一見の価値がある。巻末にはカラー折込図付き。

大地震から都市をまもる
大災害から人命を守る予防のすすめ

三井　康壽 著

定価：本体1,800円（税別）

福井秀夫氏（政策研究大学院大学）推薦！

好評の著者による学術書『防災行政と都市づくり』を一般向けにアレンジ、さらに議論を進めた、防災対策と都市づくりに関する唯一無二の貴重な書。阪神・淡路大震災を経験した著者が、いかに巨大地震に備え、都市を守っていくかを分りやすく説明。都市行政職員・一般市民に必読の書。

災害への備えを語ることはやさしいが、いざ惨事の際、人命を確実に守ることは簡単ではない。本書は、都市の「非安全原則」を前提とせよ、都市計画の「無謬性を疑え」、といった、通念を覆す逆説的で刺激的な議論を正面から提起し、現実を見据えた人命を救う最善の方策を説得力ある論拠で次々に示す。防災・住宅・都市行政に通暁し、学際的な知見も踏まえて、透徹した眼で政策を縦横無尽に論じる著者の語り口から、災害国日本の国民すべてが学び、備えたい。

首都直下大地震から会社をまもる
BCP（事前復興計画）策定をサポートする

三井　康壽 著

定価：本体2,000円（税別）

◆◆主な内容◆◆
- 第1章　地震国日本の宿命
- 第2章　ライフライン〔電力/ガス/水道/下水道〕
- 第3章　通信事業
- 第4章　交　通〔鉄道/道路/交通規制/帰宅困難者対策〕
- 第5章　耐震建築〔非住宅〕
- 第6章　会社としての備え〔実例／ライフライン／交通／資金の支払／商店街の被災／オフィスの防災用品〕

必ず起きると言われている首都直下地震。その被害は甚大なものになると予想されている。危機に瀕した時、会社が有効な手を打ち、事業を継続していくには、日頃よりBCP（事業継続計画）を計画しておくことは極めて大切である。災害発生時の会社の指揮系統・安否確認の方法など、阪神・淡路大震災の経験から具体例をとりあげ、BCP策定をサポートする。企業や行政の防災担当者や経営者のみならず、すべての人、必読の書。

復刊法律学大系　5
震火災と法律問題
附　震火災関係諸法令
関東大震災から学ぶべき教訓

松本烝治・末弘嚴太郎 序　　眞野　毅 著

定価：本体16,000円（税別）

関東大震災の経験を経た中で、教訓とすべき法律問題群を一挙に集めた歴史的書籍。厳戒令、緊急勅令、焼跡借地権、電話権、生命保険金、家屋抵当権、行方不明者の後始末、死亡者の相続、手形、鉱業権、特許権、商標権、漁業権、租税、株券、公正証書、買入物、株式会社の整理復興方法、焼失登記、戸籍簿、未完了売買取引について、詳述。震火災関係諸法令（20法令）を網羅した資料も掲載。都市防災対策に必須の書。